Introducción al griego de la Biblia

I

Introducción al griego de la Biblia

I

Ediberto López Rodríguez

ABINGDON PRESS / Nashville

INTRODUCCIÓN AL GRIEGO DE LA BIBLIA I

Derechos reservados © 2010 por Abingdon Press

Todos los derechos reservados.
Se prohíbe la reproducción de cualquier parte de este libro, sea de manera electrónica, mecánica, fotostática, por grabación o en sistema para el almacenaje y recuperación de información. Solamente se permitirá de acuerdo a las especificaciones de la ley de derechos de autor de 1976 o con permiso escrito del publicador. Solicitudes de permisos se deben pedir por escrito a Abingdon Press, 201 Eighth Avenue South, Nashville, TN 37203.

Este libro fue impreso en papel sin ácido.

A menos que se indique de otra manera, los textos bíblicos en este libro son tomados de la Santa Biblia, Edición de Estudio: Versión Reina-Valera 1995, Edición de Estudio, derechos reservados de autor © 1995 Sociedades Bíblicas Unidas. Usados con permiso. Todos los derechos reservados.

ISBN-13: 978-0-687-65984-5

CONTENIDO

Reconocimientos 7

Este libro y su uso 11

Introducción:
Una visión global del griego coiné y de la gramática española 18

Lección α
El alfabeto y la pronunciación 31

Lección β
El artículo como puente hacia las declinaciones 47

Lección γ
Los sustantivos de la segunda declinación 53

Lección δ
Los sustantivos de la primera declinación 61

Lección ε
Adjetivos de la primera y segunda declinación 69

Lección ζ
Pronombres 77

Lección η
Preposiciones y conjunciones 87

Lección θ
La tercera declinación 99

Lección ι
En el principio era el Verbo: Introducción al verbo y sus
   accidentes 109

Lección κ
Accidentes en los verbos: los modos 127

Lección λ
El verbo εἰμί 137

Apéndice
Las funciones de los casos 141

Bibliografía anotada 151

Reconocimientos

Quiero agradecer al Señor por el deleite que he hallado en el aprendizaje y enseñanza del griego bíblico durante los últimos treinta y cinco años. Estos años han constituido gran parte de mi vida. Fue con mis primeros maestros donde se inició esta devoción por los idiomas bíblicos.

Mi primer maestro de griego fue un laico, Don Timoteo Rodríguez Quiñónez, hermano de mi mamá, tío querido y respetado. Él tenía una pasión por las Escrituras que suponía la necesidad de un aprendizaje del griego y el hebreo como asunto medular para la fe. Con mi tío di mis primeros pasos en el griego y el hebreo bíblicos. Me enseñó el deletreo y elementos de la primera y segunda declinaciones. Además me regaló mi primer Nuevo Testamento en griego. Estos pasos fueron suficientes como para dedicarle los próximos años de mi vida a este proceso educativo.

Mis primeros maestros formales fueron el Dr. Segundo Cardona y la Dra. Isabel Huyke. Don Segundo y la Dra. Huyke fueron mis maestros de griego en 1973 en la Universidad de Puerto Rico. Con ellos aprendí mis primeras lecciones de morfología y sintaxis del griego ático. Además, con estos tuve una visión general de las vicisitudes que sufre un estudiante al aprender griego ático.

Luego fui alumno del Profesor José Aracelio Cardona, quien era mi maestro de historia eclesiástica en el Seminario Evangélico de Puerto Rico. El Profesor Cardona era un místico que veía la presencia de Dios en la jota y en la tilde y que me ayudó a dar un cariz pastoral al estudio de las lenguas bíblicas.

Otro maestro que viene a mi memoria es el Dr. Alfred Wade Eaton, maestro de hebreo bíblico. Éste era un erudito bíblico de la mejor calidad confinado a nuestra ínsula caribeña, pero con una apertura a la academia inmejorable. Con él aprendí que un idioma había que comprenderlo estructuralmente. Había que memorizar todos los paradigmas para poder leer y traducir. Esto lo han gozado y sufrido mis estudiantes. Los idiomas bíblicos no son lenguas habladas, sino conocimiento para leer y traducir. Por lo tanto, no hay remedio: a conocer de memoria los paradigmas fundamentales.

En Union Theological Seminary, en Nueva York, tuve dos maestros de griego, el Dr. Joel Marcus y el Dr. Thomas Robinson. Con ellos tomé los cursos intermedios y avanzados de griego coiné. Estos maestros me ayudaron a tener una idea global del idioma y me enseñaron la importancia de la sintaxis y sus elementos fundamentales. Sin estos fundamentos, jamás podría haber enseñado un solo curso de griego.

En el programa doctoral en Drew University tomé un seminario avanzado de griego con un maestro que se sabía todo esto y mucho más. Me refiero al Dr. Lala K. Dey. Dey era lo más cercano que he tenido a un genio en un idioma de la antigüedad. Sabía de memoria dónde se hallaban las soluciones a los problemas medulares en la gramática de Smyth, y en muchas ocasiones nos mandó, sin un papel en la mano, a buscar en Liddel y Scott, en la página 695, artículo x. La erudición lingüística de Dey era sorprendente, genial y desconocida. Cuando publiqué mi primer libro, fui invitado a dar una conferencia a Drew y me hallé a Dey. Le di una copia de mi libro y le indiqué que la academia tenía una cuenta por cobrar con él a través de una publicación sobre el griego. Me respondió que no era escritor de libros. Eso era lamentable porque su erudición se quedó en los salones de clase. Tomé con Dey el curso avanzado en el primer año del programa doctoral, y luego volví de oyente, pero entonces le pedí que nos dedicáramos a los filósofos e historiadores grecorromanos y judíos. No objetó porque, como indiqué al principio, todo esto estaba en su mente sin un solo papel en las manos, ni notas, ni nada. Todo brotaba de su cabeza espontáneamente. Ante el asombro de todos nosotros que ya teníamos varios años de griego nos indicaba que cuando lleváramos veinte años enseñando griego haríamos lo mismo.

Otro maestro que no debo olvidar es el Dr. James Louis Martyn, en Union Theological Seminary en Nueva York. Martyn me enseñó a poner el griego en la estructura del idioma receptor a través de gráficas. Esto, que al principio me molestó, me ha acompañado el resto de mi vida. La persona que puede traspasar el griego coiné a un diagrama en el orden y conexión de nuestro idioma sabe qué va con qué y por qué. Mis estudiantes, a través de estos 20 años, han notado la virtud de aprender a pasar las flexiones del griego al sistema de sintaxis castellano. Después de todo, el griego bíblico es un idioma que se aprende para trasladar al idioma receptor en este caso, el español. Cuando no se puede poner el texto griego en gráficas la traducción puede ser un proceso de adivinación o de intuición, la razón para esta traducción nunca está explícita. A estos maestros mi gratitud, admiración y honor.

En términos de gratitudes, quiero agradecer a mis estudiantes a través de estos veintidós años en los cuales he enseñado este material. Estos materiales se han ido desarrollando poco a poco en el salón de clases. Varios estudiantes se han distinguido en trabajos editoriales específicos en el contenido de estas páginas. Me refiero a José Torraca, Jara Ríos, Krenly Cruz y Daniel Díaz. Torraca miró los paradigmas y el glosario buscando el más mínimo error ortográfico. Jara Ríos miró los primeros capítulos para hacerme sugerencias en el español. Daniel Díaz pasó algunos paradigmas a tablas más detalladas.

Entre los colegas, el Dr. David Cortés-Fuentes, leyó el manuscrito y me hizo una corrección final al texto. Mi gratitud y admiración a éste por su amistad y su trabajo de corrección del manuscrito final. El Dr. Josué Santiago, profesor de español en la Universidad Interamericana de Puerto Rico, ha dado una lectura completa al manuscrito buscando mejorar el español. Las horas de trabajo crítico del Dr. Santiago han sido de gran bendición en la redacción de este manuscrito. Desde luego, el Dr. Justo Luis González ha sido el editor de esta obra. Justo ha mirado esta obra palabra por palabra. La cantidad de sugerencias ha sido extraordinaria. La verdad es que su ojo crítico ha permitido pulir esta obra. A Justo va mi gratitud especial por su mirada crítica, incisiva y con un ojo en la dimensión didáctica. Justo siempre ha tenido en mente los laicos más sencillos como lectores y lectoras de este tipo de trabajo. Me ha insistido en que tenga en mente a estos hermanos y hermanas de manera que la explicación sea suficientemente clara, ya que el texto no tendrá el beneficio de mi presencia en el aula. Le agradezco a Justo su solidaridad crítica. Desde luego, yo soy responsable por todos los errores que haya en esta obra.

Dedico este libro a tres "Marías" de mi contexto. Primeramente agradezco a mi madre, Lydia Z. Rodríguez, toda su sensibilidad para el arte y la literatura que me han marcado positivamente para siempre.

Una segunda María ha sido mi esposa Vilma que con cariño y aprecio me ha acompañado desde que yo era un joven seminarista. Conocí a Vilma mientras tomaba mi primer curso de griego en la Universidad de Puerto Rico. De ahí en adelante hemos compartido una relación teológica muy intensa. Vilma ha sido un gran apoyo a mi gestión académica. En muchos momentos en que perdí la confianza, Vilma insistió en una fe que vence obstáculos. Le dedico esta obra en celebración del otorgamiento de su grado como doctora en psicología clínica y la culminación de su Maestría en Artes y Religión en el Seminario Evangélico de Puerto Rico.

La tercera María es mi hija Patria. Cuando este libro se publique debe estar defendiendo su tesis doctoral en lingüística aplicada en la Universidad de Penn State. A mi hija va mi admiración más profunda y mi reconocimiento por esta honra de tener una hija en el ministerio de la palabra en la academia. No debo olvidar la llegada de mi nieta Aurora, hija de mi hija Patria, que ha nacido mientras revisábamos estas páginas. Dios bendiga a nuestra nenita y que la haga una persona de bendición.

Presento mis gratitudes a la Junta de Ministerios Globales de la Iglesia Metodista Unida. Este cuerpo ha apoyado mi ministerio por más de una década en el Seminario Evangélico, y ahora ha colaborado para que este libro vea la luz pública. La cooperación de la Junta de Ministerios Globales hizo posible que estuviera un mes en Tantur, corrigiendo este libro. La Junta de Ministerios Globales también colaboró con los costos de producción de este libro. Mi más profundo agradecimiento.

En San Juan, Puerto Rico
25 de diciembre de 2009

Este libro y su uso

Este manual de griego coiné sirve como introducción para aprender este idioma bíblico con el fin de traducir los textos del Nuevo Testamento griego y de la Septuaginta.

En esta obra he seguido varias gramáticas, con especial atención a la estructura de la gramática de Stephen Paine, *Beginning Greek* y el énfasis en los paradigmas completos de los sustantivos, pronombres, adjetivos y las conjugaciones de los verbos. Lo particular de la gramática de Paine es la estructura global para aprender del todo a las partes. He seguido ese modelo en este manual. La idea es que cada estudiante tenga una estructura completa donde localizar el texto que lee en el sistema lingüístico. Así puede identificar rápidamente el caso, el sistema preposicional, el verbo y sus accidentes y de ahí trasladar el texto al idioma receptor, esto es, al español. A través de este modelo didáctico tratamos de que cada estudiante tenga una visión global de cada aspecto dentro de los sistemas morfológicos del griego coiné. A esto le añadimos el aprendizaje por analogía con el español. Esto, a su vez, tiene la ventaja de permitir que cada estudiante pueda tener una idea de la parte en el todo lingüístico, de manera que tenga una perspectiva de qué domina y cuánto le falta para tener una comprensión general del idioma. Con esto tratamos de quitar la impresión de que la morfología del griego coiné es indefinida. De entrada cada estudiante debe saber que hay sólo tres sistemas de declinaciones de sustantivos, artículos, pronombres y adjetivos, y tres paradigmas verbales (verbos **o**, verbos contractos y verbos **mi**).

Añadimos a este acercamiento global una relación inmediata con el texto bíblico en griego del Nuevo Testamento y la versión griega de la Biblia hebrea, la Septuaginta (LXX). Esto facilita que cada estudiante vea el logro inmediato de aprender griego coiné como herramienta para poder leer y traducir el Nuevo Testamento griego y la Septuaginta. La lectura del Nuevo Testamento griego y la Septuaginta motiva y refuerza el aprendizaje de la morfología y la sintaxis que se va desarrollando en cada lección.

He mencionado el aprendizaje por analogía entre el griego coiné y el español. Con esta imagen queremos decir que no hay mejor ayuda para un aprendiz de griego coiné que el manejo del idioma base: el español de forma comparada con el griego coiné. El dominio del español como lengua base hará más fácil el aprendizaje del griego coiné. Para facilitar este diálogo entre la morfología y la sintaxis del griego y el español he usado varias obras. Me parece que la obra más completa sobre la lengua española es la de Rafael Seco, edición del 1975, *Manual de Gramática Española*. He revisado el trabajo de Seco con cuidado, intercalándolo dondequiera que me pareció útil su explicación. Sugiero a mis lectores y lectoras que junto a este manual añadan esta obra para que mejoren el dominio del español.

En términos de la estructura de este libro queremos anticipar algunos detalles. Cada lección irá introduciendo una cantidad de material morfológico. Este material consistirá en una descripción de algún paradigma fundamental y otros paradigmas secundarios que funcionan como modalidades del primero. Luego de este material morfológico se incluirá una lectura bíblica con un glosario. En las primeras lecciones, el glosario tendrá gran cantidad de detalles para que cada estudiante pueda trabajar. Pero eventualmente tomará la estructura de un diccionario. En este glosario los sustantivos se presentarán en su forma nominativa y luego la genitiva, seguido todo por el artículo en nominativo. Los conceptos sobre el nominativo y el genitivo serán aclarados un poco más abajo. Siempre que sea posible, los verbos se presentarán con las seis partes principales que representan los tiempos principales del paradigma de los verbos en griego coiné (presente, futuro, aoristo, perfecto, perfecto medio-pasivo y primer sistema pasivo). Ya comprenderemos toda esta jerga.

Además, he añadido un vocabulario para memorizar. Esencialmente, son palabras que aparecen en el Nuevo Testamento más de cincuenta veces. La idea es que se tenga un vocabulario medular que ayude a leer el texto con rapidez.

Cuando este libro se use en una clase introductoria al griego bíblico, sugiero que ésta se divida en dos partes. La primera parte para introducir la morfología, y la segunda parte, para aplicar lo aprendido en lecturas bíblicas. Esta segunda requerirá que quienes enseñen se preparen adicionalmente para la aplicación de la morfología en los textos.

Además habrá unas pequeñas tareas para repasar los materiales básicos. Es posible que las clases la lectura y el material morfológico vayan a dos velocidades distintas. Esto es normal. La idea de la lectura es que cada estudiante vea inmediatamente la virtud del material morfológico aprendido. Esto sucederá porque cada lectura tendrá suficientes detalles como para requerir el material morfológico que se está explicando en cada lección. Habrá materiales más sencillos que se podrán cubrir en una clase, tales como la segunda declinación y la primera declinación. Otros materiales como los verbos requerirán muchas secciones de clase. Esto es completamente normal. La idea es que se relacione el material con la lectura para estimular a cada estudiante a comprender la importancia de la morfología en la lectura y traducción del texto. A continuación presentaré algunas recomendaciones prácticas que pueden agilizar el proceso de aprendizaje del griego coiné.

Antes que nada, es necesario hacer un repaso de la gramática castellana para tener la estructura básica que nos facilitará comprender los paradigmas del griego coiné. Mientras mejor sea el manejo del español por parte de cada estudiante, más fácil le será el traslapo al griego coiné. Comprender claramente las partes de la oración en español, el sistema verbal, así como otros aspectos lingüísticos, gramaticales, sintácticos y morfológicos hará más fácil el aprendizaje del griego. Cada estudiante tendrá una idea clara de la morfología y la gramática del español. Esto facilitará la comprensión de los elementos paralelos en el griego coiné. Cuando las circunstancias lingüísticas lo permitan, cada estudiante podrá hacer traslapo de la morfología y la sintaxis española, que en muchos casos es heredera del griego. Esto permitirá que nos aprovechemos de nuestro idioma primario para comprender con más facilidad el griego bíblico.

Una segunda recomendación es la necesidad de tener un diccionario práctico y manejable. Para comenzar, recomiendo el *Diccionario manual Vox griego-español* de José M. Pabón de Urbina publicado por Bibliograf en Barcelona. Hay otros diccionarios pequeños en español que anoto en la bibliografía al final de este trabajo. El Diccionario Vox es manejable y bastante completo. Claro está, eventualmente será bueno adquirir un buen diccionario que trate específicamente el griego bíblico. Hay algunas recomendaciones en la bibliografía al final de este libro. En cada lección doy un glosario. No obstante, no incluyo todas las palabras. Cada estudiante tendrá que usar el diccionario para las palabras que no recuerda o que no he dado.

Una tercera recomendación tiene que ver con el proceso de aprendizaje. Para poder leer los textos y traducirlos con prontitud no hay nada mejor que adquirir un vocabulario extenso del griego coiné. Esto permitirá a cada lector poder traducir con rapidez. Este vocabulario se adquiere leyendo y tomando apuntes y escribiendo repetidamente en una página las nuevas palabras y su equivalencia en español muchas veces. Recomiendo que se haga un tarjetero de palabras con cada palabra en griego por un lado y en español por el otro. Este tarjetero lo pueden llevar a todas partes para ir repasando el vocabulario que se va adquiriendo. Desde luego, no hay nada mejor para ampliar el vocabulario que la continua lectura día tras días, de manera que el vocabulario se vaya asentando en la memoria de largo plazo.

El repaso continuo a través del curso eventualmente permitirá que con sólo mirar la palabra se pueda reconocer su equivalente literal en español. Recomiendo a cada maestro que use este manual que en todas las pruebas incluyan una sección de vocabulario para facilitar el que cada estudiante aprenda el glosario básico rápidamente y de forma sistemática.

Una cuarta recomendación consiste en la familiarización del lector con los paradigmas tanto de los sustantivos como los verbos para poder leer los textos bíblicos. Hay que llegar a tener claro que los sustantivos, pronombres y adjetivos corren sobre un sistema de tres declinaciones que muestran las distintas funciones de cada palabra a través de una serie de desinencias que se añaden a la raíz.

Con el griego coiné, estas palabras sufren una serie de accidentes parecidos a las conjugaciones verbales del español. Los verbos griegos también sufren su propio sistema de cambios a la raíz verbal de forma similar al español. Dos paradigmas fundamentales son el del verbo básico λύω que enseñaremos en el libro y el verbo **ser** o **estar** (εἰμί). Conocer estos sistemas de accidentes en la morfología de las palabras y los verbos permitirá que cada estudiante pueda reconocer el ochenta por ciento de las palabras que se encuentre en una lectura bíblica en griego. No me parece que haya más remedio que copiar los paradigmas de estos verbos y palabras vez tras vez hasta que los sepamos de memoria. Sólo así podremos reconocer la forma en que van apareciendo la mayor parte de las palabras. Esta familiaridad con los paradigmas se enlaza con la continua lectura y traducción. Estos patrones morfológicos se asentarán en la mente de manera que se pueda reconocerlos en los textos. La memorización de los paradigmas fundamentales me ha dado resultado a través de treinta y cinco años de amistad con el griego bíblico. Sin embargo, esto podría parecer la parte más espinosa de aprender griego coiné. Esto requerirá escribir los paradigmas vez tras vez hasta que se dominen de memoria. Una vez se tenga este reconocimiento rápido se conocerán muchos detalles más allá de la palabra. Un ejemplo de esto es el reconocimiento de un verbo. Al igual que en español, cuando se dominan los accidentes que sufre un verbo en su conjugación, inmediatamente se conoce el tiempo, la voz, el modo, la persona, el número de este verbo. Esto, desde luego, es mucho más profundo que saber que el verbo tiene tal significado literal.

Los paradigmas principales para los casos y los verbos se indicarán en cada capítulo dedicado a ellos. Cada estudiante debe observar las instrucciones sobre lo que debe memorizar. Los demás paradigmas que aparezcan en cada capítulo son modalidades secundarias que se deben conocer pero que no es necesario memorizar. Con el uso, y volviendo al material didáctico cada vez que un pasaje lo requiera, se irán internalizando los demás paradigmas para poder resolver problemas de crítica gramatical y traducción.

Un último consejo es la necesidad de leer textos y traducirlos con cierta regularidad. Esto es como el ejercicio físico. Se puede hacer ejercicio una vez en semana, pero es mejor hacerlo diariamente. Unos quince a treinta minutos diarios son suficientes. Esta disciplina ha aumentado mi deleite en la lectura, traducción y análisis gramatical de los pasajes bíblicos.

Utilidad pastoral y teológica del estudio del griego coiné

Cuando yo era un joven universitario, me matriculé en el curso de griego ático en la Universidad de Puerto Rico. Mi maestro, el Dr. Segundo Cardona, nos preguntó por qué nos habíamos matriculado en el curso. Para mi sorpresa, tres cuartas partes de los estudiantes éramos evangélicos que queríamos poder traducir el Nuevo Testamento y ver sus implicaciones para la interpretación bíblica en la pastoral y en la reflexión teológica. Me imagino que quienes lean este libro, serán en su mayoría estudiantes que quieren enriquecerse con el manejo adecuado del griego coiné para la predicación y otras tareas pastorales. ¿Cómo puede este libro ayudar a nuestra audiencia primaria? La primera competencia que adquirirán es poder buscar una palabra griega en una concordancia del texto bíblico. Esto nos dejará conocer su significado teológico si buscamos la palabra en varios lugares en la Biblia. A su vez, esto nos ayudará a ver los distintos niveles de significación que un concepto puede tener. Esto en sí mismo es un estudio de literatura comparada dentro de la Biblia.

Un ejemplo de esto lo podemos ver en el concepto **pecado**. El término griego es "jamartía" (**ἁμαρτία**). Generalmente, pensamos que el pecado son actos malos. Pero un examen en una concordancia enriquecerá nuestra comprensión. Si, por ejemplo, nos topamos con este concepto en la carta de Pablo a los Romanos, podemos buscar el concepto en griego. El procedimiento sería el siguiente:

Como todavía no sabemos griego, buscaríamos en un texto interlineal. Un texto interlineal tiene el texto griego arriba y debajo de cada palabra tiene la traducción literal. El interlineal sería así:

Τί οὖν ἐροῦμεν; ἐπιμένωμεν τῇ **ἁμαρτίᾳ**, ἵνα ἡ χάρις πλεονάσῃ; ²μὴ
¿Qué pues diremos? ¿Continuaremos en el **pecado** para que la gracia abunde? ¡Qué
γένοιτο. οἵτινες ἀπεθάνομεν τῇ **ἁμαρτίᾳ**, πῶς ἔτι ζήσομεν ἐν αὐτῇ;
nunca suceda! Los que morimos **al pecado**, ¿cómo aún viviremos en él?

La palabra que nos interesa en este pasaje es pecado. Está en negritas tanto en griego como en español. ¿Cómo podremos tener una idea de qué significa este concepto para Pablo? El procedimiento básico sería pasar del texto a una concordancia greco-española. La concordancia nos dará el concepto en griego, una traducción al español y una lista de todas las ocasiones en que aparece en la Biblia.

Cuando buscamos en una concordancia greco-española encontramos "jamartía" en 48 ocasiones en Romanos. En el resto de las cartas de Pablo y sus discípulos aparece otras 15 veces. De aquí podemos inferir que este concepto es medular en Romanos. ¿Qué hacemos entonces? Procedemos a buscar todos los versos en Romanos que usan la palabra "jamartía" para tener una idea de qué significa en sus distintos contextos discursivos. ¿Qué encontramos? Encontramos que "jamartía" tiene distintos niveles de significado. Así, en Romanos 4.7 el pecado alude al Salmo 32 y significa una acción que viola la voluntad de Dios. En 11.27 cita a Jeremías 31.33-34 con este mismo significado. Pero una lectura más detallada nos presenta una sorpresa grata. Pablo comprende "jamartía" en un segundo nivel de significado: el **pecado** es un poder del mal. Así en Romanos 5.12 el **pecado** "entró al mundo"; en 5.13 "el **pecado** estaba en el mundo"; en 5.20, "el pecado creció"; en 5.21 el **pecado** "reinó"; en 6.6b los seres humanos son esclavos del **pecado** y en 6.14 el **pecado** "no se enseñoreará" de los creyentes. En 6.17 se afirma que los romanos fueron esclavos del **pecado** y en 6.18 que fueron liberados del **pecado**. En 7.23 se señala que el **pecado** paga un salario, la muerte. Obviamente, para Pablo, el **pecado** es un poder del mal. Es un mal radical que explica toda la maldad personal, subjetiva, colectiva y cósmica que experimenta el ser humano, la creación y la sociedad. Nuestro griego rudimentario ya va dando frutos. Lo que antes mirábamos con ingenuidad, ahora nos ofrece nuevas posibilidades pastorales y teológicas. El texto griego nos ha permitido encontrar una palabra clave que hemos rastreado en una obra, y nos ha dado varios niveles de significado. Este ejemplo en sí mismo muestra la bondad de comenzar a aprender griego coiné para poder leer con competencia las Sagradas Escrituras.

Introducción: Una visión global del griego coiné y de la gramática española

Historia del griego antiguo

El griego coiné comenzó su itinerario histórico varios siglos antes que Alejandro Magno lo usara como una de sus principales herramientas para la extensión y gobierno de su imperio alrededor del año 333 a.C. El griego es parte de la subfamilia helénica de la lengua indoeuropea. La lengua más primitiva detrás de los distintos dialectos griegos es el protohelénico. Éste era el idioma de las tribus helénicas que se desplazaron hacia la península balcánica. A principios del primer milenio a.C., los aqueos llegaron a lo que hoy es Grecia, Asia Menor y las islas del Peloponeso. Su habla proveyó la base para los dialectos principales del griego antiguo. En el siglo IX a.C., los antiguos griegos, en su encuentro con los fenicios, aprendieron el sistema de caracteres que luego usarían en su escritura del griego. Herodoto señala que los fenicios trajeron a Grecia el alfabeto. A estos caracteres les llamamos alfabeto, porque los primeros dos caracteres son alfa y beta. De los distintos dialectos de las tribus helénicas, el jónico prevaleció en el siglo quinto a.C. En ese tiempo, distintos grupos hablaban diversos dialectos helénicos. Los más importantes eran:

Introducción

(1) Jónico: éste era el dialecto griego hablado en la sección central de la costa occidental de Asia Menor y en el norte del Mar Egeo. Homero, Hesiodo y Herodoto escribieron en jónico.

(2) Ático: éste era el dialecto de Atenas y de la región circundante. Las obras de Esquilo, Sófocles, Eurípides, Aristófanes, Tucídides, Jenofonte, Platón, Demóstenes y Esquines son ejemplos de literatura en este dialecto.

(3) Eólico: éste era el griego que se hablaba en Tesalia, Boecia, las islas de Lesbos y la parte norte de la costa de Asia Menor. Safo y Alceo escribieron sus poesías en eólico.

(4) Dórico: este dialecto se hablaba en el noroeste de Grecia, en el Peloponeso, en Creta, en Rodas y en la costa sur de Asia Menor. Este fue el dialecto que utilizaron Píndaro, Teócrito y la poesía bucólica y coral.

(5) Arcado-chipriota: era el dialecto del interior del Peloponeso y de la isla de Chipre.

Debido a la posición sociopolítica de Atenas, luego de la conquistas de Alejandro Magno, el griego ático se convirtió en la lengua dominante en la prosa, en la escritura, en el comercio y en la diplomacia. Éste era el idioma de la conquista helénica y su subsiguiente coloniaje en Asia Menor, Egipto, Palestina y el Levante. El encuentro del griego ático con las lenguas de los pueblos conquistados y el proceso de simplificación lingüística de éste produjeron el griego coiné o griego común del imperio griego.

El Nuevo Testamento y la Septuaginta (la traducción de las Escrituras hebreas al griego) se escribieron en griego coiné. Otros autores contemporáneos al Nuevo Testamento que emplearon el coiné fueron Filón de Alejandría, Josefo y Epícteto, entre otros. El mayor caudal de literatura en coiné está en los papiros encontrados en Egipto a finales del siglo XIX. Esta literatura dejó claro que el griego del Nuevo Testamento era el idioma común del mundo helenista. El coiné siguió siendo el idioma de los cristianos por largo tiempo. No fue sino a principios del tercer siglo que un teólogo cristiano, Tertuliano, escribió las primeras obras cristianas en latín. Como los papiros de Oxyrinco han probado, el evangelio de Tomás originalmente circuló en griego antes de ser traducido al copto (idioma egipcio) en el tercer siglo d.C. No tenemos manera de saber si Jesús de Nazaret hablaba griego. Sin embargo, las ciudades de la Decápolis, Séforis (la otra capital de Galilea en tiempos de Jesús a sólo cuatro millas de Nazaret) y los epitafios en Jerusalén durante el primer siglo señalan que el coiné era la segunda lengua en Palestina. Lo que podemos afirmar con certeza es que poco después de la resurrección, los dichos y hechos de Jesús de Nazaret comenzaron a circular traducidos ya al griego. Q, el documento hipotético más antiguo del cristianismo primitivo que narra dichos y hechos de Jesús comunes a Mateo y Lucas que no se encuentran en Marcos, era indudablemente un documento en griego cuando llegó a las manos de Mateo y Lucas (nótese el paralelo palabra por palabra entre Mateo 3.7-10 y Lucas 3.7-9). Las cartas de Pablo, en la década del cincuenta, a 20 años de la cruz y la resurrección, fueron escritas sin excepción en griego coiné. Toda la literatura que entró al canon del Nuevo Testamento estaba en griego coiné. Sólo algunos dichos aislados en arameo han sobrevivido en nuestro texto griego (1 Co 15.22: Mc 5.41, etc). Esto hace que el conocimiento del griego coiné sea imperativo para los estudiantes del Nuevo Testamento.

A continuación presentaremos un repaso de la gramática básica de la lengua española como un elemento básico para poder acercarnos a la morfología y sintaxis de la lengua griega.

Las partes de las oraciones y los casos

En nuestro idioma castellano, para comprender el significado de las palabras de una oración, uno se guía esencialmente no por el orden de las palabras, sino por la forma. En nuestro idioma, hay distintos tipos de palabras que podríamos clasificar: (1) sustantivo, (ejemplo: **el libro**); (2) adjetivo, esto es una palabra que modifica un sustantivo (ejemplos: niño **feliz**, libro **pequeño**); (3) verbo: palabras que indican la acción, expresan un suceso o expresan la existencia de un sujeto (ejemplos: **amar, trabajar, leer, concebir, ser**); (4) adverbio: palabras que modifican un verbo (ejemplos: ver **claramente**, traducir **correctamente**); (5) preposición: palabra que indica la relación de un sustantivo con un verbo o con otro sustantivo o con un grupo de palabras (la preposiciones en español son: **a, ante, bajo, cabe, con, contra, de, desde, durante, en, entre, hacia, hasta, mediante, para, por, según, sin, so, sobre, tras, versus, vía**); (6) conjunción: palabras que unen o enlazan palabras o grupos de palabras (ejemplos: *y, o, pero*), (7) determinantes que incluyen los artículos definidos (**el, la, lo**), los artículos indefinidos (**un, una**) y los pronominales (los que se conoce como pronombres, ejemplos: **mío, éste, alguno, quién**).

En español, las oraciones están estructuradas en un sistema de sujeto y predicado. El núcleo del sujeto es el sustantivo o un pronombre, y el del predicado es el verbo. Un ejemplo de una oración es: **La mujer canta**.

La mujer	canta
Sujeto	Predicado

El sujeto y el predicado comparten modificadores comunes como los adjetivos, artículos definidos, adverbios, verbos suplementarios y las frases preposicionales. Un ejemplo de un adjetivo es: "La mujer **joven**". El predicado tiene unos modificadores específicos, los adverbios y los verbos suplementarios. En el predicado, identificamos los conjuntos de palabras sobre los que recae la acción del verbo que y se conocen como complementos. Hay tres tipos de complementos primarios: el complemento directo, el complemento indirecto y el complemento circunstancial. Utilizando nuestro ejemplo para describir el complemento directo diríamos: "La mujer joven compra **flores**". El complemento directo indica la persona o cosa que es el objeto de la acción del verbo. El complemento directo contesta la pregunta qué o quién es el objeto de la acción del verbo. Otro conjunto de palabras recibe indirectamente la acción del verbo y se conoce como el complemento indirecto. El complemento indirecto indica las personas o las cosas que reciben las consecuencias, el fin, daño o provecho de la acción del verbo. Continuando con nuestro ejemplo pero ahora con el complemento indirecto diríamos: "La mujer joven compra flores **para su hija**". Para identificar el complemento indirecto se hacen las siguientes preguntas: ¿a quién?, ¿para quién?, ¿para qué? También existe otro grupo de palabras que expresa diversas circunstancias como tiempo (**llegaré de mañana**), modo (ríe **con ganas**), lugar (puse las flores **en el florero**), compañía (Pedro estaba **con Jesús**), de procedencia (Juan llegó **de Éfeso**) etc. que conocemos como complemento circunstancial.

Estructura de una oración compleja en español

En el esquema a continuación presentamos una oración más compleja. La misma diría en español: "La mujer joven gozando compra rápidamente en el mercado flores para su hija". En el esquema encontramos las partes principales de una oración: artículo, sustantivo, adjetivo, verbo principal, verbo suplementario, adverbio, frase preposicional, complemento directo y complemento indirecto.

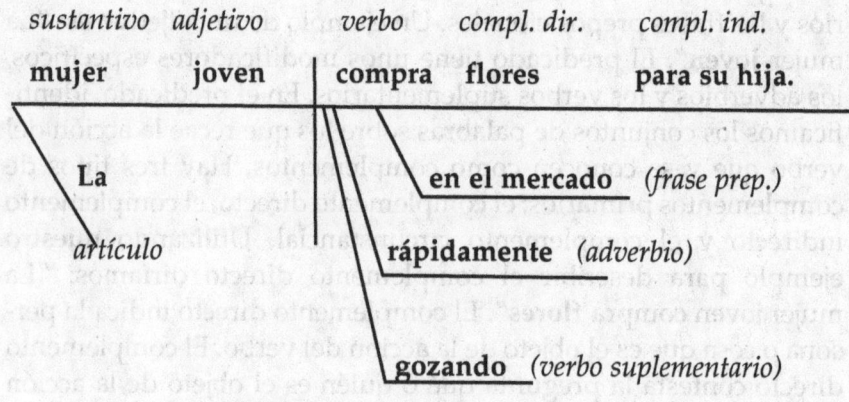

Veamos un ejemplo sencillo de una oración griega en Mateo 1.2 donde se incluye el sujeto, el verbo y el complemento directo en ese orden:

Ἀβραάμ | ἐγέννησεν | τὸν Ἰσαάκ

Introducción

La traducción de esta oración en el orden de las palabras presentado en el texto diagramado es: Abraham engendró a Isaac.

Una oración un poco más compleja que incluiría una frase preposicional y dos sustantivos como complementos directos sería (Mt 1.11):

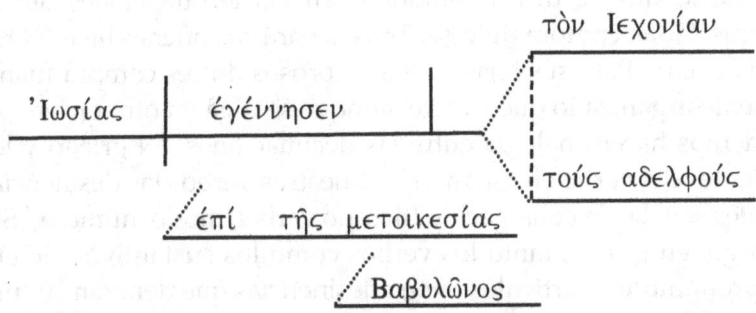

En este caso una traducción en el orden de palabras que se presenta en el diagrama es:

"Josías, engendró en el exilio de Babilonia a Jeconías y los hermanos (suyos)".

Estas oraciones del texto griego han sido organizadas conforme a la sintaxis española. Se ha puesto el texto griego en el orden más común en español: (1) el sujeto, (2) el verbo principal, (3) la frase preposicional y (4) el complemento directo. Esto quiere decir que las partes de la oración se determinan por los accidentes que sufre la raíz de las palabras. Por esto decimos que el griego coiné es un idioma flexionado. En griego como en español, los verbos sufren múltiples cambios que se conocen como conjugaciones.

Los pronombres también sufren cambios de acuerdo al lugar en que se encuentren en la oración. Así, decimos **yo, mío, me, mi** según su lugar en la oración. En griego, los sustantivos, artículos definidos, pronombres, adjetivos y verbos sufren accidentes. Los cambios en todas las palabras que no son verbos se llaman declinaciones.

El orden del texto en griego es: Ἰωσίας δὲ ἐγέννησεν τὸν Ἰεχονίαν καὶ τοὺς ἀδελφοὺς αὐτοῦ ἐπὶ τῆς μετοικεσίας Βαβυλῶνος. Nótese que en este pasaje específico el orden de las palabras en el texto griego es: (1) sustantivo, (2) conjunción, (3) verbo principal, (4) complemento directo, (5) frase preposicional.

Señalamos lo del orden en este pasaje, porque una lengua con flexiones en las desinencias no requiere orden específico. La mente organiza lo que se dice a base de las flexiones que indican cuál es la función de la palabra en la oración. Por ejemplo, en español podemos decir lo mismo en órdenes diferentes, pero sabemos el significado de lo que se dice basándonos en las terminaciones de las palabras: "Juan compra dulces sabrosos para sus buenas hijas". O se podría decir: "Para sus hijas buenas sabrosos dulces compra Juan". La mente organiza lo que se dice, aunque se diga en otro orden.

Podemos hacer analogía entre las declinaciones del griego y los accidentes del verbo en español. En nuestros verbos las desinencias verbales señalan la conjugación (tiempo verbal, modo, número). Sin embargo, en griego, tanto los verbos como los sustantivos, adjetivos, pronombres y artículos tienen desinencias que denotan su función en la oración. Algo parecido hacemos en español. Por ejemplo, la persona **yo** se usa sólo para el sujeto de la oración. Si algo me pertenece (es "de yo") decimos que es **mío**. Si yo soy el complemento directo, digo **me**. Y si soy el complemento indirecto digo **mí**. En griego se hace esto, no sólo con los pronombres, sino también con los artículos, los sustantivos, los pronombres, los adjetivos y la forma verbal del participio (como veremos más adelante). El griego coiné no es fundamentalmente un idioma de orden de palabras, sino de inflexiones. Podemos determinar la función de las palabras y las partes de la oración a través de las declinaciones que reciben las palabras (conocidas como casos). Estas declinaciones que sufre la palabra nos ayudarán a comprender si la palabra es el sujeto, el complemento directo, el complemento indirecto, un posesivo, o si tiene otra función. Los casos son modificaciones a la palabra que ayudan al lector a determinar su función en la oración.

Los casos determinan las funciones básicas de un artículo, sustantivo, adjetivo, pronombre y participio en la oración. A través de la clasificación de una palabra según su caso, generalmente sabemos si la palabra corresponde al sujeto (nominativo), al complemento directo (acusativo), al complemento indirecto de la oración (dativo) o si es una frase de pertenencia, origen o posesión —**de** en español— (genitivo).

La oración tiene nueve (9) partes principales que describiremos a continuación:

(1) El artículo definido

Denota un miembro específico de una clase; por ejemplo, **el** libro. En español señala el género y el número de un sustantivo o adjetivo (por ejemplo: **el** libro, **los** libros, **la** libreta). Como el griego es un idioma que indica la función de la palabra por sus flexiones, los artículos se declinan no sólo en género y número, sino también en casos. El artículo definido en singular, en el caso nominativo (es decir, cuando sirve de sujeto) es como sigue:

ὁ	el	masculino
ἡ	la	femenino
τό	lo	neutro

El caso, número y género del artículo definido concuerdan con los del sustantivo o adjetivo que modifica. Algo parecido sucede en español: "**La rosa** es bella. **Los jardines** son bellos". Por lo tanto, si el artículo definido es femenino, singular, el sustantivo o adjetivo debe ser femenino y singular. Si por el contrario, el sustantivo es masculino plural, el artículo tiene que ser en masculino plural como hemos visto en el ejemplo. Tanto el griego como el español comparten este elemento de la congruencia entre el género y el número de los sustantivos.

El griego no tiene artículos indefinidos: **un, una**. Por lo tanto, cuando nos topamos con un sustantivo sin artículo definido a veces es posible traducirlo con un artículo indefinido. Otra forma de expresar una idea similar al indefinido en griego es a través de la partícula τις (que significa, **algún** o **cierto**).

(2) Sustantivos

El sustantivo es la palabra que se usa para nombrar una persona, lugar, cosa, cualidad, acción o idea. Algunos ejemplos de sustantivos en griego son los siguientes:

ἄνθρωπος   ser humano
πεδίον   llano
πίστις   fe

En el griego coiné, como veremos más adelante, los sustantivos reciben las inflexiones que indicarán su función en la oración: esto es, el caso, el número y el género.

(3) Pronombre

Un pronombre es una palabra que se usa como sustituto de un sustantivo. Se refiere a personas o cosas que, o se han nombrado, o pueden entenderse por el contexto literario. En griego, como en español, los pronombres también reciben señales morfológicas de caso, número y género. Ejemplos de algunos pronombres en griego y español los encontramos en las siguientes palabras:

οὗτος	éste
αὕτη	ésta
τοῦτο	esto

(4) Adjetivos

El adjetivo es una palabra que se usa para modificar un sustantivo, limitándolo o calificándolo (como en "**este** amigo", "**tres** países", "el libro **negro**"). Al igual que los sustantivos, los artículos y los pronombres, los adjetivos están sujetos a las inflexiones en casos, número y género, y éstas concuerdan con los sustantivos que modifican en género, número y caso. Así decimos: "La libreta **roja** es mía. El libro **negro** es tuyo".

(5) Los verbos

El verbo es la palabra que denota la acción en una oración. Cuando la acción del verbo recae sobre un sustantivo (complemento directo) se dice que ese verbo es transitivo. Si la acción del verbo no recae sobre un complemento directo se entiende que el verbo es intransitivo. En griego como en español, los verbos tienen un sistema de inflexiones que hace que el verbo concuerde con la persona y el número del sujeto. Las inflexiones verbales también indican el tiempo, el modo, aspecto y voz.

El griego, como el español, tiene tres conjugaciones principales. En griego estos tres son: (1) verbos en ω, (2) verbos en μι y (3) verbos contractos. Los verbos griegos presentan seis tiempos verbales primarios: (1) presente, (2) futuro, (3) aoristo, (4) pretérito perfecto, (5) perfecto medio-pasivo, (6) primer tiempo pasivo. A su vez, como en español, estos tiempos tienen distintos aspectos en la acción (modos). Los modos de un sistema verbal completo son: (1) el indicativo, (2) el subjuntivo, (3) el optativo, (4) el imperativo. El infinitivo es un sustantivo verbal. El participio es un adjetivo verbal. Los modos principales a su vez se conjugan en persona y número.

6) Preposiciones

La preposición es un tipo de palabra que indica la relación de un sustantivo o un pronombre con un verbo, con otro sustantivo o con un grupo de palabras. Frecuentemente, las preposiciones denotan posición (**ante, bajo, delante de, después de, detrás de, en, entre, sobre**), tiempo (**antes de, después de**), agente (**por**), acompañamiento (**con, sin**). Las preposiciones indican un movimiento de un sustantivo con relación al verbo principal. Este tipo de movimiento se infiere del griego por el caso que se relaciona con una preposición:

Las preposiciones son uno de los elementos más peculiares de un idioma. Esto implica que sólo a través del uso continuo se puede dominar su uso. Más adelante se discutirán las preposiciones con detalle. Esa información proveerá una visión más global de las preposiciones.

(7) El adverbio

El adverbio es una palabra usada para calificar un verbo, un adjetivo u otro adverbio. Tal modificación puede ser de tiempo, de cualidad, etc. Los adverbios expresan relaciones de modo (**rápidamente**), grado (es **casi** ganador), tiempo (lo quiere **pronto**) o lugar (estuvo **aquí**).

(8) Conjunciones

La conjunción es aquella palabra que conecta o une palabras y frases en una cláusula u oración (por ejemplo: **aunque, como, o, pero, porque, si, y**).

(9) Interjección

La interjección es una palabra exclamatoria que expresa sentimientos y emociones, y que normalmente no tiene conexión gramatical con el resto de la oración o se emplea por sí sola (¡oh!, ¡olé!). Por esta razón, la interjección no es parte de la oración, sino una oración en sí misma. Una interjección común en griego es ὦ (ver Ro 11.33) que se traduce al español de forma similar: ¡oh!

Los usos esenciales de los casos en griego coiné

Como hemos mencionado anteriormente, el griego es un idioma que indica la función de una palabra en una oración a través de las variantes que llamamos inflexiones. En los artículos, sustantivos, adjetivos y pronombres estas inflexiones están en las desinencias. Estas inflexiones permiten al lector inferir la función primaria de la palabra en la oración. A estas señales morfológicas y sus funciones les llamamos casos. Los casos en el griego, como en español, son los siguientes:

Caso	Función
Nominativo	Es el caso que indica que la palabra es el sujeto de una oración o cláusula (o el predicado nominal de una oración). Un ejemplo de esto es: **El hijo** de Dios vino en la carne.
Genitivo	Es el caso que indica posesión o pertenencia. En español esto se indica con la preposición **de**; por ejemplo, "hijo **de Dios**". En este caso, Dios es el poseedor de este hijo.
Dativo	Es el caso que indica el complemento indirecto y el complemento circunstancial de la oración. En español se puede indicar con las palabras **para, en, por, con** o **a**, por ejemplo: La cruz era **para el hijo** de Dios. El dativo responde a la pregunta ¿a o para quién es la acción del verbo?
Acusativo	Es el caso que indica el complemento directo de la oración. En español se puede indicar con la palabra **a**, por ejemplo, "Voy a ver **al hijo** de Dios". En español, el complemento directo lleva la preposición **a** solamente cuando es una persona o un animal personificado, como por ejemplo: veo **a Juan**. Si no es una persona o animal se diría: veo **el campo**. El acusativo responde a la pregunta: ¿qué cosa? o ¿a qué persona?
Vocativo	El vocativo es la forma de llamar a alguien o a algo. Un ejemplo de un vocativo es: ¡**Hijo de David**, ten misericordia de mí! (Mc 10.48). En el griego coiné el vocativo cayó en desuso. En el Nuevo Testamento la forma en vocativo **Señor** (κυριέ) aparece 120 veces; **maestro** (διδάσκαλε), 31; **hijo** (υἱέ), 10.[1]

Introducción

Como antes mencionamos, el griego tiene tres sistemas de declinaciones llamados primera, segunda y tercera declinación. En las próximas lecciones abordaremos las primeras dos declinaciones. Veremos, por ejemplo, que en la segunda declinación masculina nos referiríamos a "Dios" según el caso: el nominativo es the**os**; el genitivo, the**u**; el dativo, the**ō**; el acusativo, the**on**. El plural es: nominativo: the**oi**; genitivo: the**ōn**; dativo: the**ois**; acusativo: the**ous**. La ventaja de este sistema de desinencias es que una vez que se reconoce el caso, se conoce la función principal del sustantivo.

---

[1] En este manual no presentaremos el vocativo en los paradigmas de los sustantivos y adjetivos porque en el griego coiné se convirtió en una rareza y fue sustituido en la mayor parte de las ocasiones por el nominativo.

Lección α
El alfabeto y la pronunciación

$\mathcal{E}$n esta sección estudiaremos la pronunciación para la lectura del griego coiné. Además daremos una explicación básica de la pronunciación de los acentos y otros signos ortográficos.

Las vocales

Una vocal es aquel "sonido del lenguaje que se pronuncia con vibración de las cuerdas vocales... sin fricción audible" (Gómez de Silva, 664). Las vocales contrastan con las consonantes. Las vocales en español son **a, e, i, o, u**. Las vocales en griego son similares a las del español. La diferencia es que el griego hace una distinción entre la e corta (ε) y la ē larga (η), y la o corta (ο) y la ō larga (ω). En español no marcamos la diferencia entre vocales cortas y largas con signos distintos. Aquí hemos marcado en el sistema de transliteración la ē y la ō larga.

El griego coiné tiene una vocal con un sonido ambiguo, la ípsilon, Υ-υ, que los lingüistas señalan que es un sonido entre la i y la u, pronunciándola como una i.[1] Por eso es que esta letra se llama en español **i griega**.

Pronunciación de las vocales

Mayúscula	Minúscula	Sonido equivalente en español
A	α	a
E	ε	e corta
H	η	ē larga
I	ι	i
O	ο	o corta
Ω	ω	ō larga
Υ	υ	i griega

El alfabeto griego incluye además de las vocales, las consonantes.

Alfabeto completo

Mayúscula	Minúscula	Nombre	Sonido	Transliteración	Ejemplo
A	α	Alfa	a	a	ama
B	β	Beta	b	b	bien
Γ	γ	Gama	g	g	gato
Δ	δ	Delta	d	d	dato
E	ε	Épsilon	e corta	e	fe
Z	ζ	Zeta	dz	ds	zapato

El alfabeto y la pronunciación

H	η	Eta	e larga	ē	prevēr
Θ	θ	Zeta (Th)	z	z	zinc
I	ι	Iota	i	i	ir
K	κ	Kapa	k	c, k	canto, canguro
Λ	λ	Lamda	l	l	lima
M	μ	Mu	m	m	madre
N	ν	Nu	n	n	nuez
Ξ	ξ	Xi	x	x	xilófono
O	o	Ómicron	o corta	o	otr<u>o</u>
Π	π	Pi	p	p	piso
P	ρ	Ro	r	r	roca
Σ	σ, ς	Sigma	s	s	silo
T	τ	Tau	t	t	Tomás
Υ	υ	Ípsilon	y	y	über (alemán)
Φ	φ	Fi	f	f	física
X	χ	Ji	j	j	México
Ψ	ψ	Psi	ps	ps	salmo
Ω	ω	Omega	o larga	ō	ōtro

Diptongos

Al igual que el español, el griego tenía la mezcla de dos sonidos de vocales consecutivas. Un ejemplo de esto en español es la palabra **puerta**. La **ue** es el sonido de dos vocales consecutivas que forman el diptongo en la palabra. Los diptongos griegos son los siguientes:

Diptongo	Pronunciación
αι	ai
αυ	au
ει	ei
ευ	eu
ηυ	eu
ηι	ei
οι	oi
ου	u
ωϋ	oi

Nótese que **ου** no es diptongo en términos de la pronunciación. Se pronuncia como una *u* española.

El griego tiene una serie de "diptongos impropios" formados por la "iota subscrita". En estos casos, la iota es muda:

Diptongo	Pronunciación
ᾳ	a
ῃ	e
ῳ	o

La gama nasal

Cuando la **γ** aparece sola se pronuncia como una **g** gutural en español, como sería el caso de **gato**. En griego, cuando la gama aparece con otras consonantes guturales, la primera **γ** se pronuncia como una n. A continuación presentamos algunos ejemplos de la gama nasal:

El alfabeto y la pronunciación

Gama nasal	Ejemplo	Pronunciación
γγ	ἄγγελος	ángelos
γκ	ἐγκαλέω	enkaléo
γχ	συγχέω	sunjéo
γξ	συγξύω	sunxúo

Sigma final

Nótese que la sigma tiene tres formas: como letra mayúscula (Σ), como letra minúscula (σ), y como letra minúscula final (ς).

Mayúscula	Minúscula	Final
Σαλμών	γενέσεως	βίβλος

Espíritus

Un "espíritu" es un signo que se coloca sobre las vocales iniciales y sobre la **rho** que inicia una palabra (ῥ) para indicar si la pronunciación es aspirada. Cuando la vocal se pronuncia como si tuviera una **j** castellana, el signo se llama espíritu áspero, y se escribe (῾) como en el caso de ὅτι (que se pronuncia "joti"). En este caso el espíritu áspero indica que la palabra es aspirada. Cuando la pronunciación no es aspirada se le llama un espíritu suave y se escribe (᾿) como en el caso de ἀγάπη (que representa el sonido natural de la vocal no aspirado). Si la palabra comienza con un diptongo, el espíritu se coloca sobre la segunda vocal, como por ejemplo en οὐκ (que se pronuncia "uc"; se traduce: **no**). El espíritu suave no afecta la pronunciación. De ahí que se use también la metáfora de espíritu mudo. El equivalente en español sería una vocal precedida por una **h** como el caso del verbo **haber**. Como podemos observar esta **h** es completamente muda.

En el caso de la ῥ, cuando una palabra comienza con esta consonante, siempre tomará un espíritu áspero o rudo sobre la consonante. Un ejemplo de esto lo encontramos en la palabra ῥῆμα (se pronuncia como "rema" y significa **palabra**). Esto mismo sucede cuando una palabra comienza con ípsilon. En este caso, también toma un espíritu rudo como con la palabra ὕδωρ (se pronuncia "jidor"; significa: **agua**).

Puntuación

La puntuación es aquel aspecto del código escrito que permite estructurar diversas unidades de un texto en oraciones, párrafos y otro tipo de unidades. La puntuación sirve para proveer coherencia y claridad al discurso. A través de la puntuación se delimita la oración, se pone de relieve la cohesión textual y se elimina o reduce la ambigüedad. La puntuación es un mecanismo de significación vital en cualquier idioma. La posición de un punto o una coma puede cambiar drásticamente el significado de un pensamiento.

Durante el siglo IX d. C. los escribas transformaron el griego antiguo a letra minúscula y añadieron el sistema de puntuación para hacer más eficiente el proceso de copiar y comprender el texto. En este sistema de puntuación añadieron el punto (.) para indicar el final de una oración o un párrafo. El signo de interrogación se construyó con lo que para nosotros es un punto y coma (;). Nótese que este no es un punto y coma español sino un signo de interrogación. La coma se introdujo para indicar una breve pausa y delimitar algunos componentes de la oración. La marca textual es igual al español (,). El griego coiné no tiene signo de admiración. El punto elevado en griego (·) que puede ser equivalente a nuestro punto y coma (;) y/o a los dos puntos.

Sílabas y acentos

Cada palabra tiene tantas sílabas como vocales separables o diptongos posea. Los diptongos se cuentan como vocales largas. Un ejemplo de división de palabras lo podemos ver en las siguientes palabras:

ἄν-θρω-πος (hán-zro-pos).

θε-ός (ze-ós).

γυ-ναι-κός (gy-nai-cós).

σύ (sí).

γίγ-νο-μαι (gíg-no-mai).

Con el propósito de clarificar la acentuación, en griego coiné, las sílabas se dividen en:

(1) última sílaba: como las palabras llamadas agudas en español.
(2) penúltima sílaba: como las palabras llamadas llanas en español.
(3) antepenúltima sílaba: como las palabras esdrújulas en español.

Ninguna palabra se puede acentuar más allá de la antepenúltima. En esto, el griego es idéntico al español que sólo tiene acentos ortográficos hasta la esdrújula.

| Esdrújula | Llana | Aguda |

Los acentos

Los acentos son signos que le dan prominencia relativa a cierta sílaba en la palabra. En español tenemos dos tipos de acentos, el prosódico y el ortográfico. El acento prosódico es la pronunciación de la sílaba predominante sin marcarla con una tilde. El acento ortográfico es la marca ortográfica allí donde se da prominencia relativa a la sílaba. Podemos ver claramente la importancia del acento en nuestro idioma en la palabra **género**. En esta forma es un sustantivo. Así, diríamos: "El **género** literario es una historia de milagros". Pero si el acento fuera en la penúltima sílaba, en este caso un acento prosódico, **genero,** la palabra sería un verbo que indicaría una acción en el sistema presente, en el modo indicativo, en primera persona singular, esto es, "yo **genero** ideas para aprender griego". La palabra **generó,** con el acento en la última sílaba, indica una acción en el pasado de la tercera persona singular. Así diríamos: "Ella **generó** muchas ideas para aprender griego".

Nótese que las tres palabras son similares, pero adquieren sus diferencias de significado según el lugar en que se sitúe el acento. Este ejemplo señala la importancia del acento en nuestro idioma, y también en el griego, en el que funciona de forma similar. Una frase en griego que muestra la importancia del acento se encuentra en Mateo 4.6: **εἰ** υἱὸς **εἶ** τοῦ θεοῦ (**si eres** hijo de Dios). Nótese que he puesto dos palabras prácticamente idénticas en negrillas. La diferencia es que la segunda tiene un acento circunflejo, mientras que la primera sólo tiene un espíritu suave. Este acento circunflejo en la segunda palabra indica que es un verbo; mientras que la primera palabra es una conjunción condicional. Obviamente, los acentos sirven para identificar palabras homófonas —palabras que se escriben y pronuncian de la misma manera—. Tan pronto nos acercamos al primer capítulo de Mateo en griego, notamos que el texto está lleno de distintos tipos de acentos que indican la fuerza de pronunciación en una de las sílabas dentro de cada palabra.[2]

En el griego coiné, a diferencia del español, hay tres tipos de acentos: (1) agudo (´), (2) grave (`) y (3) circunflejo (ˆ). Como en español, en griego coiné las palabras se clasifican conforme a donde reciban la fuerza de pronunciación: la última (la aguda), penúltima (llana) o antepenúltima (esdrújula) sílaba. El español tiene una diferencia, y es la sobreesdrújula, cosa que no existe en griego. Las reglas básicas de acentuación de las palabras en griego (con excepción de las enclíticas y las proclíticas, que son palabras que pierden su fuerza de pronunciación debido a la palabra que les antecede o sigue) son las siguientes:

(1) El acento agudo puede caer en cualquier sílaba. El acento agudo tiende a moverse lo más lejos que pueda de la última sílaba. Se moverá a la antepenúltima sílaba sólo si la última sílaba tiene una vocal corta. Si la última sílaba tiene una vocal larga, el acento sólo llegará hasta la penúltima.

(2) El acento circunflejo sólo puede caer sobre la última o la penúltima sílaba y sólo sobre vocales largas y diptongos. El acento circunflejo sólo caerá sobre la penúltima si la última sílaba tiene una vocal corta.

(3) El acento grave sólo se puede utilizar en la última sílaba, substituyendo entonces un acento agudo en una frase donde la palabra es seguida por otra palabra. Por ejemplo:

πρὸς τὸν θεόν.

El alfabeto y la pronunciación

Tabla para los acentos

Acento	Antepenúltima	Penúltima	Última	Ejemplo
Agudo	Sí	Sí	Sí con vocal corta	ἄνθρωπος
Agudo en penúltima	No	Sí	Sí con vocal larga	ἀνθρώπῳ
Circunflejo	No		Sí con vocal larga o diptongo	ἀδελφῷ
	No	Sí sobre vocal larga	Si tiene vocal corta	πρῶτος
Grave	No	No	Sí	τὸν Σαλμών

Algunos detalles a notar en esta tabla son los siguientes. El acento agudo puede caer en la última, penúltima y antepenúltima sílaba. Pero si la vocal de la última sílaba es larga el acento sólo podría llegar hasta la penúltima. Así, la palabra **ἀνθρώπου** tiene un acento en la penúltima porque el diptongo **ου** no permite que el acento viaje hasta la antepenúltima como en el caso de **ἄνθρωπος**. Nótese que en **ἀνθρώπου** la última sílaba tiene un diptongo (**ου**).

El acento circunflejo pude caer hasta en la penúltima sílaba. Nunca puede aparecer en la antepenúltima sílaba. Cuando aparece en la penúltima sílaba, tiene que ser en una palabra cuya última sílaba tenga vocal corta y la penúltima sea una vocal larga (η, ω). Casi siempre el circunflejo aparece en la última, en una vocal larga y como indicador del genitivo singular y el dativo singular de la segunda declinación (lo que se explicará más adelante). En caso de que un acento circunflejo se coloque encima de un diptongo, éste marcará siempre la segunda vocal del diptongo. Un ejemplo de esto lo podemos ver en **θεοῦ** (que se pronuncia **zeú** y se traduce como **de Dios**.

El acento grave siempre está un la última sílaba de una palabra que es parte de una cláusula. Con esto se indica que si la palabra no hubiera estado acompañada, el acento habría sido agudo.

Acentos en los verbos

En los verbos, los acentos tienden a llegar hasta la antepenúltima sílaba si es posible (esdrújula). Esto se conoce como acento **recesivo**. Cuando decimos que el acento es recesivo queremos decir que tiende a moverse lo más lejos de la última sílaba que pueda. En el caso de que la última sílaba tenga vocal larga o diptongo, el acento sólo puede llegar hasta la penúltima. Esto lo podemos ver en los siguientes ejemplos:

Verbo con vocal corta: εἴ-ρη-κα: en este caso, como la vocal de la última es corta, el acento corrió hasta la antepenúltima.

Con vocal larga en la última: ἐξ-ά-γω. En este caso, como la última tenía una vocal larga, el acento tuvo que llegar sólo hasta la penúltima sílaba.

Acentos en palabras que no son verbos

Los acentos en palabras que no son verbos se conocen como **persistentes**. Los sustantivos, pronombres, adverbios y adjetivos tienen acentos persistentes. Un acento persistente trata de mantenerse en la misma sílaba en que aparece en el caso nominativo y sólo se mueve a otra sílaba si es forzado morfológicamente. El acento persistente puede cambiar entre un agudo y un circunflejo, pero persiste en la sílaba. En el caso de los acentos en este tipo de palabras, un diccionario griego nos proporcionará la forma en el caso nominativo, de la cual podremos inferir cómo funciona en el resto de las formas. Ejemplos de un acento persistente podemos ver en el sustantivo σκοτία (tiniebla):

Casos	Singular	Plural
Nominativo	σκοτία	σκοτίαι
Genitivo	σκοτίας	σκοτιῶν
Dativo	σκοτίᾳ	σκοτίαις
Acusativo	σκοτίαν	σκοτίας

Apóstrofe

El apóstrofe es un signo (') con el que se marca la omisión de una o más letras. Un ejemplo de esto en español sería la frase **"pal´campo"**. En este caso, el apóstrofe ha marcado la eliminación de la sílaba **ra** en la palabra **para**. En griego esto ocurre generalmente cuando una palabra termina en vocal y le sucede otra palabra que comienza con vocal. El apóstrofe marca esta eliminación de la vocal de la primera palabra. Así en Juan 1.3 dice: δι᾽αὐτοῦ. El apóstrofe después de δι indica que la preposición διά ha perdido la vocal débil **α** frente a la **α** de αὐτοῦ. Nótese que el apóstrofe no va sobre una vocal, por lo tanto no es un espíritu áspero. El apóstrofe va entre palabras.

El uso de un diccionario griego

Este manual intenta capacitar a cada estudiante para leer y traducir el griego coiné al español con la ayuda de un diccionario. Cuando una palabra es un sustantivo, el diccionario añadirá el artículo definido para indicar el género. Además añadirá la forma en genitivo (cosa que trataremos más adelante). Un ejemplo de esto es: **νόμος, -ου, ὁ** (se pronuncia "nomos", su traducción es **ley**. Esto ayudará al lector a identificar las distintas formas que puede tomar una palabra. Si la palabra es un adjetivo, el diccionario la proveerá en masculino singular y añadirá las desinencias para el femenino singular y el neutro. Un ejemplo es: **καλός, -η, -ον** (se pronuncia como "calós" y se traduce: **bello**). Si la palabra es un verbo, el diccionario añadirá las formas que el verbo toma. Un ejemplo es: **λύω, λύσω, ἔλυσα, λέλυκα, λέλψαι, ἐλύθην**.

Tarea

1. Escriba el alfabeto griego en una hoja suelta junto a su equivalente fonético en español. Escriba cada letra varias veces hasta que la domine y la pueda reconocer.

Introducción al griego de la Biblia I

2. Copie Mateo 1.1-3, dado a continuación, y transcríbalo usando el alfabeto español. Usando el glosario, la intuición y lo que usted conoce del texto bíblico, traduzca el pasaje.
3. Practique en voz alta la lectura de Mateo 1.1-3.
4. Acentúe los verbos dados a continuación. Recuerde que los verbos son palabras cuyos acentos son recesivos y por lo tanto intentan llegar hasta la antepenúltima sílaba a menos que una vocal larga en la última se lo impida:
    1) ἐγενετο
    2) γεγονεν
    3) φαινει
    4) κατελαβεν
    5) μαρτυρηση
    6) πιστευσωσιν
    7) φωτιζει
    8) ἐρχομενον
    9) ἐγνω
    10) παρελαβον

5. Acentúe las siguientes palabras que no son verbos y por lo tanto tienen acentos persistentes. Para estar seguro de dónde localizará el acento debe buscar la forma básica en el glosario o en un diccionario del griego coiné:
    1) βιβλος
    2) χριστος
    3) υἱος
    4) αὐτος
    5) λογος
    6) θεος
    7) ἀνθρωπος
    8) σκοτια
    9) γενεσις
    10) ἀδελφος

Nota

Para comenzar a leer el texto griego hemos seleccionado el primer capítulo de Mateo. Es una lectura muy sencilla. Esencialmente es una lista de nombres con un verbo, repetido constantemente, con algunas frases preposicionales y una conjunción básica. El género literario es una genealogía, que esencialmente es una lista de nombres de una descendencia para establecer el honor adscrito, en este caso a Jesús. Esta genealogía tiene una ventaja inmediata: no tiene mayores complicaciones y ayuda a dominar la mecánica del deletreo y la pronunciación. Es una lectura muy sencilla y por intuición cada estudiante pueden inferir el sujeto, el verbo y el predicado. Además la usaremos en las próximas lecciones para identificar la primera y la segunda declinación y otros accidentes del griego. El punto esencial es aprovechar nuestro primer idioma, el español, para ir desarrollando el conocimiento del griego coiné.

En todas las lecciones en que haya una lectura del texto griego, habrá un glosario con las palabras principales. Al principio se proveerán muchos detalles sobre las palabras para que se pueda tener una idea global del pasaje. Así, según vayamos desdoblando la morfología, daremos menos detalles, hasta que sólo demos la traducción básica.

Lectura y traducción

Mateo 1.1-12

¹Βίβλος γενέσεως Ἰησοῦ Χριστοῦ υἱοῦ Δαυὶδ υἱοῦ Ἀβραάμ. ²Ἀβραὰμ ἐγέννησεν τὸν Ἰσαάκ, Ἰσαὰκ δὲ ἐγέννησεν τὸν Ἰακώβ, Ἰακὼβ δὲ ἐγέννησεν τὸν Ἰούδαν καὶ τοὺς ἀδελφοὺς αὐτοῦ, ³Ἰούδας δὲ ἐγέννησεν τὸν Φάρες καὶ τὸν Ζάρα ἐκ τῆς Θαμάρ, Φάρες δὲ ἐγέννησεν τὸν Ἑσρώμ, Ἑσρὼμ δὲ ἐγέννησεν τὸν Ἀράμ. ⁴Ἀρὰμ δὲ ἐγέννησεν τὸν Ἀμιναδάβ, Ἀμιναδὰβ δὲ ἐγέννησεν τὸν Ναασσών, Ναασσὼν δὲ ἐγέννησεν τὸν Σαλμών, ⁵Σαλμὼν δὲ ἐγέννησεν τὸν Βόες ἐκ τῆς Ῥαχάβ, Βόες δὲ ἐγέννησεν τὸν Ἰωβὴδ ἐκ τῆς Ῥούθ, Ἰωβὴδ δὲ ἐγέννησεν τὸν Ἰεσσαί, ⁶Ἰεσσαὶ δὲ ἐγέννησεν τὸν Δαυὶδ τὸν βασιλέα. Δαυὶδ δὲ ἐγέννησεν τὸν Σολομῶνα ἐκ τῆς τοῦ Οὐρίου, ⁷Σολομὼν δὲ ἐγέννησεν τὸν Ῥοβοάμ, Ῥοβοὰμ δὲ ἐγέννησεν τὸν Ἀβιά, Ἀβιὰ δὲ ἐγέννησεν τὸν Ἀσάφ, ⁸Ἀσὰφ δὲ ἐγέννησεν τὸν Ἰωσαφάτ, Ἰωσαφὰτ δὲ ἐγέννησεν τὸν Ἰωράμ, Ἰωρὰμ δὲ ἐγέννησεν τὸν Ὀζίαν, ⁹Ὀζίας δὲ ἐγέννησεν τὸν Ἰωαθάμ, Ἰωαθὰμ δὲ ἐγέννησεν τὸν Ἀχάζ, Ἀχὰζ δὲ ἐγέννησεν τὸν Ἑζεκίαν, ¹⁰Ἑζεκίας δὲ ἐγέννησεν τὸν Μανασσῆ, Μανασσῆς δὲ ἐγέννησεν

τὸν Ἀμώς, Ἀμὼς δὲ ἐγέννησεν τὸν Ἰωσίαν, ¹¹Ἰωσίας δὲ ἐγέννησεν τὸν Ἰεχονίαν καὶ τοὺς ἀδελφοὺς αὐτοῦ ἐπὶ τῆς μετοικεσίας Βαβυλῶνος.

Glosario

βίβλος, -ου, ἡ, sustantivo, femenino, singular: libro, rollo. Este sustantivo femenino tiene una forma típica de los sustantivos masculinos de segunda declinación que todavía no hemos explicado. En todas las palabras en esta sección he indicado el tipo de declinación. Luego que ustedes tengan nociones de los casos y sus sistemas podrán regresar para comprender estas anotaciones. Sólo valga mencionar que las declinaciones implican que la palabra no es esencialmente un verbo, sino un sustantivo, artículo, pronombre o adjetivo.

γένεσις, -εως, ἡ, sustantivo femenino, singular: origen, principio.

Ἰησοῦς, -οῦ, ὁ, sustantivo, masculino, singular: Jesús.

χριστός, -οῦ, ὁ, sustantivo, masculino, singular: Cristo, ungido.

υἱός, -οῦ, ὁ, sustantivo, masculino, singular: hijo.

Δαυὶδ, nombre tomado del arameo: David. Los demás nombres en este capítulo son conocidos por cualquier lector de la Biblia. No tienen los mismos accidentes de los sustantivos en griego porque proceden del arameo. Aún así, se pueden traducir literalmente.

γεννάω, γεννήσω, ἐγέννησεν, γεγέννηκα, γεγέννημαι, ἐγεννήθην: engendrar. Nótese que le he dado las seis formas de los tiempos verbales de este verbo. Estas formas de los tiempos verbales les podrán ayudar para conocer qué palabras son verbos en cada lectura. Debo anticiparles que no todos los verbos se conjugan en los seis tiempos principales del sistema verbal.

τόν, artículo definido, masculino, singular: al.

καί, conjunción: y.

τούς, artículo definido, masculino, plural: a los.

ἐκ, preposición: procedente de, de.

τῆς, articulo definido, femenino, singular: de.

βασιλέους, -έως, ὁ, sustantivo, masculino, singular: el rey.

τοῦ, artículo definido, genitivo, masculino, singular: de.

ἐπί, preposición que rige genitivo: en, durante, sobre.
μετοικεσία, -ας, ἡ: femenino, singular: la deportación.
Βαβυλών, -ῶνος, ἡ: Babilonia.

Vocabulario para memorizar[3]

ὁ, ἡ, τό: artículo definido en la forma básica del nominativo, él, la, lo.
καί: conjunción, y.
αὐτός, -ή, -ό, él, ella, ello, el mismo, ella misma, ello mismo.
ἐγω, ἐμοῦ: yo.
σύ, -οῦ: tú.
ὑμεῖς, ὑμῶν: ustedes.
ἐμεῖς, ἐμῶν: nosotros.
δέ: pero, también, entonces.
ἐν: en.
οὐ: no.

---

[1] Para quienes conozcan otros idiomas europeos, en alemán hay un sonido similar a la ípsilon, la ü. En francés, el equivalente es la u y en inglés, en ocasiones la u se puede pronunciar como la ípsilon, como por ejemplo en la palabra inglesa *"cute"*.

[2] Sílaba que recibe la fuerza de pronunciación se conoce como la sílaba tónica. Las demás se conocen como sílabas átonas.

[3] Las palabras para memorizar son esencialmente aquellas que aparecen cincuenta o más veces en el Nuevo Testamento. En todos los vocabularios se sigue el sistema común de indicar, después de cada sustantivo, la desinencia con que forma el genitivo. Además, después de esa desinencia se incluye el artículo para indicar si la palabra es masculina (**ὁ**), femenina (**ἡ**) o neutra (**τό**). En el caso de los adjetivos, se presentan las tres formas. La primera es la forma básica en masculino, luego se añade la desinencia final en femenino (**η**) y neutro (**o**). Cuando introduzcamos los verbos, se presentarán en los tiempos fundamentales del griego (presente activo de indicativo, futuro activo de indicativo, aoristo activo de indicativo (pretérito simple), perfecto activo de indicativo, perfecto medio y pasivo de indicativo y primer sistema pasivo (pretérito simple en voz pasiva). Desde luego, no todos los verbos tienen toda esta conjugación, así que por la forma presentada se notarán los tiempos que tiene cada verbo.

Lección β
El artículo como puente hacia las declinaciones

En español tenemos dos tipos de artículos, los definidos (**el** libro, **la** libreta, **los** libros, **las** libretas) y los indefinidos (**un** libro... etc.). En griego, sólo hay artículos definidos. Lo que en español se expresa mediante artículos indefinidos se expresa en griego con el sustantivo sin artículo (libro = un libro). Una de las palabras más comunes en el griego coiné es el artículo. Los artículos modifican los sustantivos, los adjetivos y, en ocasiones, aparecen solos como pronombres demostrativos. Concuerdan en género, número y caso con las palabras que modifican.

La enorme importancia que tiene conocer las formas que toma el artículo consiste en que se relaciona con los patrones de la primera y segunda declinaciones. Al dominar el artículo se habrán anticipado algunos patrones primarios del sistema de la primera y segunda declinaciones. El patrón para el artículo definido es el siguiente:

Caso	Masculino		Femenino		Neutro	
	Singular	Plural	Singular	Plural	Singular	Plural
Nom. Griego	ὁ	οἱ	ἡ	αἱ	τό	τά
Nom. Español	el	los	la	las	lo	los
Gen. Griego	τοῦ	τῶν	τῆς	τῶν	τοῦ	τῶν
Gen. Español	del	de los	de la	de las	de lo	de los
Dat. Griego	τῷ	τοῖς	τῇ	ταῖς	τῷ	τοῖς
Dat. Español	para el	para los	para la	para las	para lo	para los
Acus. Griego	τόν	τούς	τήν	τάς	τό	τά
Acus. Español	al	a los	a la	a las	a lo	a los

El pronombre relativo como modelo de las desinencias de la primera y segunda declinación

Según Seco, en español el pronombre relativo "concierta, en general, con su antecedente en género y número" (50-51). Así decimos: "Las mujeres a **quienes** llamaste". En griego, el pronombre relativo tiene las formas de las desinencias más comunes de la primera y segunda declinaciones. Es sumamente importante reconocer estas formas tan comunes en las primeras dos declinaciones. El patrón de la declinación del pronombre relativo es el siguiente:

Singular

Caso	Masculino	Femenino	Neutro	Traducción
Nom.	ὅς	ἥ	ὅ	que/quien
Gen.	οὗ	ἧς	οὗ	de quien
Dat.	ᾧ	ᾗ	ᾧ	para quien
Acus.	ὅν	ἥν	ὅ	a quien

Plural

Caso	Masculino	Femenino	Neutro	Traducción
Nom.	οἵ	αἵ	ἅ	que/quienes
Gen.	ὧν	ὧν	ὧν	de quienes
Dat.	οἷς	αἷς	οἷς	para quienes
Acus.	οὕς	ἅς	ἅ	a quienes

Nótese que el pronombre relativo se declina en forma similar al artículo. Además podemos observar que todas las formas del pronombre relativo comienzan con espíritu áspero. Un detalle adicional es que todas las formas son acentuadas.

Cuando abordemos la segunda y la primera declinaciones, en ese orden, notaremos que el pronombre relativo tiene todas las desinencias de la segunda declinación y de buena parte de la primera. Esto lo veremos en las próximas dos lecciones. Vale la pena memorizar el artículo y el pronombre relativo porque esto hará mucho más fácil el dominio de la primera y segunda declinación.

Tarea

1. Identifique todos los artículos que aparecen en Mateo 1.1-15 e identifique el caso, el género y el número.
2. Memorice todo el sistema del artículo. Escriba la declinación en una hoja en blanco varias veces hasta que la domine de memoria.
3. Translitere al alfabeto español el pasaje de Mateo dado en esta lección. Con la ayuda del glosario, produzca una traducción sencilla.

4. Recordando que los sustantivos son congruentes con su artículo en género, número y caso, añada el artículo para los siguientes sustantivos:

   a. _____ θεός
   b. _____ κυρίου
   c. _____ ἄνθρωπον
   d. _____ σκοτιῶν
   e. _____ ἄγγελοι
   f. _____ μετοικεσίαν
   g. _____ χριστῷ
   h. _____ θεόν
   i. _____ ἀνθρώποις
   j. _____ κυρίους

5. Indique el caso en que están escritos los siguientes sustantivos en itálicas ennegrecidas:

   a. *La palabra* estaba con Dios.
   b. Él les dio *autoridad* para ser hechos hijos de Dios.
   c. El estaba lleno *de gracia* y de verdad.
   d. La vida era en él *para todos*.
   e. Los nombres *de las jóvenes* son María, Marta y Rosa.

Lectura y traducción

Mateo 1.12-16

¹²Μετὰ δὲ τὴν μετοικεσίαν Βαβυλῶνος Ἰεχονίας ἐγέννησεν τὸν Σαλαθιήλ, Σαλαθιὴλ δὲ ἐγέννησεν τὸν Ζοροβαβέλ, ¹³Ζοροβαβὲλ δὲ ἐγέννησεν τὸν Ἀβιούδ, Ἀβιοὺδ δὲ ἐγέννησεν τὸν Ἐλιακίμ, Ἐλιακὶμ δὲ ἐγέννησεν τὸν Ἀζώρ, ¹⁴Ἀζὼρ δὲ ἐγέννησεν τὸν Σαδώκ, Σαδὼκ δὲ ἐγέννησεν τὸν Ἀχίμ, Ἀχὶμ δὲ ἐγέννησεν τὸν Ἐλιούδ, ¹⁵Ἐλιοὺδ δὲ ἐγέννησεν τὸν Ἐλεάζαρ, Ἐλεάζαρ δὲ ἐγέννησεν τὸν Ματθάν, Ματθὰν δὲ ἐγέννησεν τὸν Ἰακώβ, ¹⁶Ἰακὼβ δὲ ἐγέννησεν τὸν Ἰωσὴφ τὸν ἄνδρα Μαρίας, ἐξ ἧς ἐγεννήθη Ἰησοῦς ὁ λεγόμενος χριστός.

Glosario

μετά, preposición que cuando es seguida de un acusativo significa: después de.
τήν, artículo definido, acusativo, singular, femenino: la.
ἀνήρ, -δρός, ὁ, sustantivo, masculino, singular: hombre, marido.
Μαρία, -ας, ἡ, nominativo femenino singular: María.
ἐξ, preposición seguida de genitivo: procedente de.
λεγόμενος, -ου, ὁ: llamado.

Vocabulario para memorizar

ὁ, ἡ, τό: el, la, lo.
τοῦ, τῆς, τοῦ: del, de la, de lo.
τῷ, τῇ, τῷ: para él, para la, para lo.
τόν, τήν, τό: al, a la, a lo.
οἱ, αἱ, τά: los, las, los.
τῶν, τῶν, τῶν: de los, de las, de los.
τοῖς, ταῖς, τοῖς: para los, para las, para los.
τούς, τάς, τά: a los, a las, a los.

Lección γ
Los sustantivos de la segunda declinación

El mundo bíblico era patriarcal. Por lo tanto, la gran mayoría de los sustantivos, adjetivos, artículos y pronombres en el texto bíblico son masculinos o neutros. La segunda declinación incluye la mayor parte de los sustantivos masculinos y neutros. Dominar la segunda declinación ayuda a reconocer el caso de la mayor parte de los sustantivos, artículos, adjetivos y pronombres en el texto bíblico. En griego, la desinencia en **o** casi siempre indica masculino o neutro. Esto es muy similar al español donde el masculino y el neutro se conocen por la **o** al final de la palabra.

Masculino	Singular	Traducción	Plural	Traducción
Nom.	ὁ ἄνθρωπος	el ser humano	οἱ ἄνθρωποι	los seres humanos
Gen.	τοῦ ἀνθρώπου	del ser humano	τῶν ἀνθρώπων	de los seres humanos
Dat.	τῷ ἀνθρώπῳ	para el ser humano	τοῖς ἀνθρώποις	para los seres humanos
Acus.	τὸν ἄνθρωπον	al ser humano	τοὺς ἀνθρώπους	a los seres humanos

Ya hemos introducido el artículo definido. Cuando se domina el artículo definido en griego, se conocen los detalles esenciales de la segunda declinación. La forma del paradigma en masculino y neutro es la forma básica de la segunda declinación.

Nótese que hemos añadido a cada sustantivo el artículo para que se comprenda la semejanza entre el artículo definido y el sustantivo. Sólo el nominativo singular es diferente a los demás ejemplos en la segunda declinación. Dominar el artículo definido en masculino permite reconocer el caso y número del sustantivo y del adjetivo que lo modifica. Un detalle adicional es que no hemos incluido los vocativos en estos capítulos sobre los sistemas de declinación. La razón para esto es la escasez de vocativos en el griego coiné. No obstante, hemos dado detalles específicos sobre el caso vocativo en el apéndice sobre los casos. Allí podrán ver una explicación del vocativo en la segunda declinación y también en las demás declinaciones.

Un neutro de la segunda declinación

Neutro	Singular	Traducción	Plural	Traducción
Nom.	τὸ τέκνον	el niño	τὰ τέκνα	los niños
Gen.	τοῦ τέκνου	del niño	τῶν τέκνων	de los niños
Dat.	τῷ τέκνῳ	para el niño	τοῖς τέκνοις	para los niños
Acus.	τὸ τέκνον	al niño	τὰ τέκνα	a los niños

Aquí también se notarán que las desinencias de los sustantivos de la segunda declinación en neutro (a excepción del nominativo y el acusativo singular) son casi idénticas al artículo definido en neutro. La diferencia está en el nominativo y el acusativo singular que contiene la ν final.

Nótese que no hay correspondencia necesaria entre el griego y el español. Una palabra neutra en griego puede ser femenina o masculina en español como, es el caso de τὸ τέκνον, cuyo equivalente en español es **el niño** (masculino).

Los sustantivos de la segunda declinación

Una palabra aguda

Ya explicamos que los sustantivos son palabras con acentos persistentes. El sustantivo θεός nos presenta una modalidad de una palabra de la segunda declinación que se acentúa en la última sílaba, es decir, una palabra aguda. Una mirada cuidadosa ayudará a repasar el tema de los acentos persistentes.

Masculino	*Singular*	*Traducción*	*Plural*	*Traducción*
Nom.	θεός	un dios	θεοί	unos dioses
Gen.	θεοῦ	de un dios	θεῶν	de unos dioses
Dat.	θεῷ	para un dios	θεοῖς	para unos dioses
Acus.	θεόν	a un dios	θεούς	a unos dioses

Si la palabra es aguda y tiene una vocal larga en la última sílaba, toma un acento circunflejo, como en el caso de θεῶν. El acento cae en esta sílaba porque allí está la fuerza de pronunciación en la última sílaba. Pero como es una vocal larga, toma un acento circunflejo. Nótese que en los diptongos, como θεοῦ, el acento cae sobre la segunda vocal del mismo.

Una tercera observación es que el acento persistente de una palabra esdrújula sólo puede rodarse a la penúltima sílaba si la última tiene una vocal larga, como en el caso de ἀνθρώπῳ. En el genitivo y dativo singular y plural, por lo tanto, el acento cambia a la penúltima debido a las vocales largas en la última sílaba. Nótese que en ἄνθρωποι el diptongo οι es contado como una vocal corta como una excepción. Las excepciones son eso mismo, una irregularidad que no queda más remedio que notar y aprender con el uso y costumbre.

Un femenino de la segunda declinación

Hay algunas palabras que son femeninas aunque pertenecen a la segunda declinación. Mateo comienza con una de estas palabras, βίβλος. Aunque esta palabra termina con ος, es una palabra femenina como el artículo indica.

ἡ βίβλος, el libro

ἡ βίβλος	αἱ βίβλοι
τῆς βίβλου	τῶν βίβλων
τῇ βίβλῳ	ταῖς βίβλοις
τὴν βίβλον	τὰς βίβλους

Estos femeninos en la segunda declinación son muy pocos. Construyen la forma genitiva singular femenina con la forma masculina (ου). El artículo definido indica claramente que la palabra es un femenino. Cuando en el texto bíblico aparece un femenino de la segunda declinación, si estuviera acompañado por un artículo definido se podrá identificar inmediatamente la forma femenina de la segunda declinación. Si este no fuera el caso, un diccionario generalmente hará la indicación de que la palabra es un femenino de la segunda declinación.

Tarea

1. Identifique todos los sustantivos, artículos y adjetivos en Mateo 1.1-17 que están en la segunda declinación. Haga una traducción sencilla de estas palabras en la segunda declinación.
2. Haga una traducción del pasaje a continuación con la ayuda del glosario.
3. Escriba la palabra indicada en el caso inflexionado:
   a. Nominativo plural masculino de ἄνθρωπος.
   b. Genitivo singular de θεός.
   c. Dativo plural de τέκνον.
   d. Acusativo singular de ἄνθρωπος.

Los sustantivos de la segunda declinación

   e. Genitivo plural de λαός.
   f. Dativo singular de υἱός.
   g. Nominativo plural de τέκνον.
   h. Acusativo plural de ἄγγελος.
   i. Acusativo singular de τέκνον.
   j. Dativo plural de λόγος.
4. Con las palabras que están en el vocabulario para memorizar y en las últimas dos lecciones traduzca al español:
   a. τέκνον τοῦ ἀνθρώπου.

   b. δοῦλος τῆς δικαιοσύνης.

   c. ὁ διδασκάλος τοῦ δούλου.

   d. ὁ θεός τοῦ ἀποστόλου.

   e. ἡ βιβλός τοῦ θεοῦ.

5. Con las palabras dadas en las secciones de vocabulario para memorizar traduzca al griego:
   a. Los seres humanos de Dios.

   b. Los ángeles del Señor.

   c. Los señores de los esclavos.

   d. El justo de Dios.

   e. El vino de los seres humanos.

Lectura y traducción

Mateo 1.17-20
[17]Πᾶσαι οὖν αἱ γενεαὶ ἀπὸ Ἀβραὰμ ἕως Δαυὶδ γενεαὶ δεκατέσσαρες, καὶ ἀπὸ Δαυὶδ ἕως τῆς μετοικεσίας Βαβυλῶνος γενεαὶ δεκατέσσαρες, καὶ ἀπὸ τῆς μετοικεσίας Βαβυλῶνος ἕως τοῦ Χριστοῦ γενεαὶ δεκατέσσαρες.

¹⁸Τοῦ δὲ 'Ιησοῦ Χριστοῦ ἡ γένεσις οὕτως ἦν. μνηστευθείσης τῆς μητρὸς αὐτοῦ Μαρίας τῷ 'Ιωσήφ, πρὶν ἢ συνελθεῖν αὐτοὺς εὑρέθη ἐν γαστρὶ ἔχουσα ἐκ πνεύματος ἁγίου. ¹⁹'Ιωσὴφ δὲ ὁ ἀνὴρ αὐτῆς, δίκαιος ὢν καὶ μὴ θέλων αὐτὴν δειγματίσαι, ἐβουλήθη λάθρα ἀπολῦσαι αὐτήν. ²⁰ταῦτα δὲ αὐτοῦ ἐνθυμηθέντος ἰδοὺ ἄγγελος κυρίου κατ' ὄναρ ἐφάνη αὐτῷ λέγων· 'Ιωσὴφ υἱός Δαυίδ, μὴ φοβηθῇς παραλαβεῖν Μαρίαν τὴν γυναῖκά σου· τὸ γὰρ ἐν αὐτῇ γεννηθὲν ἐκ πνεύματός ἐστιν ἁγίου.

Glosario

πᾶσαι, adjetivo, femenino, nominativo, plural de πᾶς: todos.
οὖν, conjunción coordinante: por lo tanto.
γενεά, -ᾶς, ἡ, primera declinación, femenino: generación.
ἀπό, preposición que toma un sustantivo en genitivo: desde.
ἕως, preposición que toma sustantivo en genitivo: hasta.
δεκατέσσαρες, adjetivo, femenino, plural: catorce.
οὕτως, adverbio: así, de este modo.
ἦν, imperfecto, indicativo, activo 3ps singular, del verbo εἰμι: ser. Luego: era.
μνηστευθείσης, participio, pasivo, genitivo, singular del verbo, μνηστεύω: desposado, comprometido en matrimonio. Más adelante estudiaremos los participios.
μήτηρ, -τρός, ἡ: sustantivo, femenino de la tercera declinación: madre.
πρίν, conjunción subordinante temporal: antes.
ἤ, partícula comparativa: que.
συνελθεῖν, aoristo (tiempo pasado) de συνέρχομαι: vivir juntos, acompañarse, venir a estar juntos, tener relaciones sexuales.
εὑρέθη, aoristo (tiempo pasado) del verbo εὑρίσκω: encontrar.
ἐν, preposición que toma dativo: en.
γαστήρ, -στρός, ἡ: sustantivo, femenino de la tercera declinación: vientre, seno, entrañas.
ἔχουσα, verbo, presente, activo, participio, femenino, singular, nominativo, del verbo ἔχω: tener.
πνεῦμα, -ατος, τό, sustantivo, tercera declinación, neutro, singular: Espíritu.

ἅγιος, -α, -ον, adjetivo. Puede ser masculino, femenino o neutro, pero en este caso es neutro, porque modifica un sustantivo neutro: santo.

δίκαιος, -ου, ὁ: sustantivo, masculino de la segunda declinación: justo.

ὤν, participio del verbo εἰμί: siendo, que es.

μή, adverbio de negación: no.

θέλων, presente, participio del verbo θέλω: desear.

δειγματίσαι, verbo, aoristo (tiempo pasado) del verbo, δειγματίζω: exponer, hacer un escarmiento de alguien.

ἐβουλήθη, aoristo (tiempo pasado) del verbo βούλομαι: desear.

λάθρᾳ, adverbio: secretamente.

ἀπολῦσαι, verbo, aoristo, activo, infinitivo, del verbo ἀπολύω: divorciarse.

ταῦτα, pronombre demostrativo, neutro, plural: estas cosas.

ἐνθυμηθέντος, aoristo (tiempo pasado) del verbo, ἐνθυμέομαι: considerar, reflexionar, pensar.

ἰδού, imperativo del verbo, εἴδω. Aquí funciona como una interjección: ¡he aquí!, ¡miren!

ἀγγελός, -ου, ὁ, sustantivo, masculino, singular: ángel.

ἐφάνη, aoristo (tiempo pasado) del verbo φαίνω: apareció, reveló.

κατ᾽ ὄναρ, preposición seguida de acusativo: de acuerdo a un sueño, o en sueños.

λέγων, participio del verbo, λέγω: dicho.

μὴ φοβηθῇς, μη seguido subjuntivo. Un subjuntivo prohibitorio. Tiene la fuerza de un imperativo: ¡no temas!

φοβηθῇς, aoristo (tiempo pasado) del verbo φοβέω: temer, aterrarse.

παραλαβεῖν, aoristo (tiempo pasado) del verbo, παραλαμβάνω: recibir, tomar.

γάρ, conjunción: pues, porque, por cuanto.

το; γεννηθέν, participio con artículo que sirve de adjetivo: lo que fue engendrado.

γεννηθέν, aoristo del verbo γεννάω: engendrar.

ἐστιν, presente del verbo εἰμί: ser.

ἐκ, preposición seguida de genitivo: procedente de.

Vocabulario para memorizar

θεός, -ου, ὁ: Dios.
κύριος, -ου, ὁ: Señor.
ἄνθρωπος, -ου, ὁ: ser humano.
χριστός, -οῦ, ὁ: mesías, ungido.
ἀγαθός, -οῦ, ὁ: bueno.
ἄγγελος, -ου, ὁ: ángel.
διδάσκαλος, -ου, ὁ: maestro.
δίκαιος, -ου, ὁ: justo.
Ἰησοῦς, -οῦ, ὁ: Jesús.
οἶνος, -ου, ὁ: vino.
ἀπόστολος, -ου, ὁ: enviado, apóstol.
δοῦλος, -ου, ὁ: esclavo.

Lección δ
Los sustantivos de la primera declinación

Se conoce como primera declinación una familia de palabras que se inflexionan siguiendo un mismo patrón. Estas palabras se caracterizan porque su inflexión es dominada por la α o la η. Las palabras de la primera declinación se dividen en dos tipos: las palabras en las cuales la α domina prácticamente toda la declinación, conocidas como la **alfa pura**; y las palabras en **alfa impura** donde hay una combinación de la α y la η en el sistema de la declinación. La mayor parte de los femeninos del griego se declinan en la forma de la primera declinación.

La alfa pura

Las palabras que se declinan siguiendo el patrón de la alfa pura son aquellas cuya raíz termina en ε, ι, ρ. Nótese que los artículos son congruentes en género, número y caso con la palabra que modifican. Se debe observar, no obstante, que el artículo se declina siguiendo el patrón de la alfa impura.

Un ejemplo de una palabra en alfa pura es en σκοτία. Nótese que la raíz de **σκοτία** termina en ι y, por lo tanto, la desinencia seguirá el patrón de la alfa pura. Nótese que la forma del genitivo singular y del acusativo plural es idéntica. El artículo que le precede puede ayudar a reconocer si es una palabra en genitivo singular o acusativo plural.

Nom.	ἡ σκοτία	la tiniebla	αἱ σκοτίαι	las tinieblas
Gen.	τῆς σκοτίας	de la tiniebla	τῶν σκοτιῶν	de las tinieblas
Dat.	τῇ σκοτίᾳ	para la tiniebla	ταῖς σκοτίαις	para las tinieblas
Acus.	τὴν σκοτίαν	a la tiniebla	τὰς σκοτίας	a las tinieblas

La alfa impura

La gran mayoría de las palabras de la primera declinación presentan formas que conocemos como alfa impura. Una palabra que sigue el patrón de la alfa impura es toda aquella cuya raíz no terminan en ε, ι, ρ. En estas palabras la desinencia sigue un patrón híbrido entre la α y la η. A continuación presentaremos varios ejemplos de la alfa impura:

ἡ ἀρχή: el principio

Caso	Singular	Traducción	Plural	Traducción
Nom.	ἡ ἀρχή	el principio	αἱ ἀρχαί	los principios
Gen.	τῆς ἀρχῆς	del principio	τῶν ἀρχῶν	de los principios
Dat.	τῇ ἀρχῇ	para el principio	ταῖς ἀρχαῖς	para los principios
Acus.	τὴν ἀρχήν	al principio	τὰς ἀρχάς	a los principios

Se puede notar que las desinencias de las palabras en alfa impura siguen el modelo del artículo definido. Quien domina la declinación del artículo domina toda la declinación en alfa impura. Otro detalle que se debe notar es que el genitivo y el dativo (singular y plural) toman un acento circunflejo en la última sílaba. Como hemos señalado previamente, si el acento se localiza sobre un diptongo, el mismo se marca sobre la segunda vocal, como el dativo plural ἀρχαῖς.

Alfa impura que termina en alfa corta

Hay algunas palabras en alfa impura que concluyen con un sonido en alfa corta. Estas palabras en la forma singular tienen un nominativo y acusativo en **α**, pero el genitivo y el dativo se forma con **η**. τράπεζα nos servirá de ejemplo:

Nom.	ἡ τράπεζα	la mesa	αἱ τράπεζαι	las mesas
Gen.	τῆς τραπέζης	de la mesa	τῶν τραπεζῶν	de las mesas
Dat.	τῇ τραπέζῃ	para la mesa	ταῖς τραπέζαις	para las mesas
Acus.	τὴν τράπεζαν	a la mesa	τὰς τραπέζας	a las mesas

Nótese que aunque la forma del nominativo plural tiene un diptongo final (αι), éste se cuenta como una vocal corta. Por esta razón, el acento puede viajar hasta la antepenúltima sílaba. Nótese además que el genitivo plural cuenta la sílaba final como larga por lo que el acento sólo puede ser un circunflejo. Otro detalle a notar es que las formas del dativo y el acusativo plural cuentan el diptongo y la vocal final como vocales largas, por lo que el acento llega sólo hasta la penúltima sílaba. En el caso del acusativo plural, la **ας** final puede ayudar a cada lector a notar que esta combinación ha convertido la **α** en una vocal larga. Nótese también que a este sustantivo lo hemos modificado con un artículo, por lo cual lo hemos traducido con sustantivo definido. No obstante, si quisiéramos indicar que es una mesa no especificada, presentaríamos la palabra sin artículo definido en femenino.

Los masculinos de la primera declinación

Hay algunas palabras masculinas en la primera declinación. Nótese que en tales palabras el nominativo termina con una ς y el genitivo singular con una ου. Por lo demás es coherente con la primera declinación en alfa impura. Para este caso usaremos el ejemplo de ὁ προφήτης:

Nom.	ὁ προφήτης	el profeta	οἱ προφῆται	los profetas
Gen.	τοῦ προφήτου	del profeta	τῶν προφητῶν	de los profetas
Dat.	τῷ προφήτῃ	para el profeta	τοῖς προφήταις	para los profetas
Acus.	τὸν προφήτην	al profeta	τοὺς προφήτας	a los profetas

Nótese que el genitivo plural toma un acento circunflejo en la última. Esto es un elemento típico de la primera declinación. Por lo tanto, cualquier palabra en genitivo plural con acento circunflejo en la última debe ser una palabra de la primera declinación. Otro detalle a notar es que la palabra προφῆται tiene un circunflejo en la penúltima. Esto implica que para el griego arcaico el diptongo αι podía ser visto como uno corto. Así esta palabra se acopla a la regla de acentuación última corta, penúltima larga y acentuada en circunflejo.

Otro masculino de la primera declinación, aunque ahora en alfa pura, es νεανίας, joven. Obsérvese que esta palabra tiene una raíz que termina en ι y por ello sigue el sistema de la alfa pura. El nominativo singular masculino termina con una desinencia en -ας. Esta palabra es un masculino de la primera declinación. Para que se note el género, le hemos puesto el artículo definido. Nótese además, que el genitivo masculino singular tiene una forma similar al genitivo masculino singular que aprendimos en las palabras de la segunda declinación, esto es, -ου. Esto es otra señal que nos da el idioma para que podamos captar una pista de que la palabra es un masculino de la primera declinación. El resto de la declinación es similar a la alfa pura. Veamos el patrón en la tabla a continuación:

Los sustantivos de la primera declinación

Nom.	ὁ νεανίας	el joven	οἱ νεανίαι	los jóvenes
Gen.	τοῦ νεανίου	del joven	τῶν νεανιῶν	de los jóvenes
Dat.	τῷ νεανίᾳ	para el joven	τοῖς νεανίαις	para los jóvenes
Acus.	τὸν νεανίαν	al joven	τοὺς νεανίας	a los jóvenes

Tarea

1. Examine, marque y describa el número, el caso y el género de todas las palabras en primera declinación en la lectura de Mateo 1.1-25.
2. Usando todas las palabras que hemos aprendido hasta ahora, los paradigmas presentados en esta lección y el vocabulario para memorizar, escriba las siguientes palabras en la primera declinación en el caso y el número indicado, y añádale el artículo:
    a) dativo plural de ἀρχή (para los principios)
    b) genitivo singular de τράπεζα (de la mesa)
    c) genitivo plural de σκοτία (de las tinieblas)
    d) acusativo singular de ἀρχή (al principio)
    e) nominativo plural de ἀλήθεια (las verdades)
    f) dativo singular de ζωή (para la vida)
    g) acusativo singular de μαρτυρία (testimonio)
    h) dativo plural de καρδία (para las –cosas— propias)
    i) nominativo plural de ἀρχή (los principios)
    j) acusativo plural de ζωή (a las vidas)
    k) genitivo masculino singular de μαθητής
    l) genitivo plural de δικαιοσύνη
    m) dativo singular de κεφαλή
    n) genitivo plural de ἁμαρτία
3. Del vocabulario para memorizar traduzca las siguientes frases:
    a) al amor (acusativo) de Dios

b) paz y justicia
_____

c) al discípulo (acusativo) del reino (genitivo)
_____

d) un corazón (nom.) para la paz (dativo)
_____

e) tierra (nom. sing.) de amores (genitivo pl.)
_____

4. Memorice las formas de **σκοτία** y de **ἀρχή**. Estos serán los paradigmas básicos de la primera declinación en alfa pura (**σκοτία**) y en alfa impura (**ἀρχή**).

Lectura y traducción

Mateo 1.21-25

²¹τέξεται δὲ υἱόν, καὶ καλέσεις τὸ ὄνομα αὐτοῦ Ἰησοῦν· αὐτὸς γὰρ σώσει τὸν λαὸν αὐτοῦ ἀπὸ τῶν ἁμαρτιῶν αὐτῶν. ²²τοῦτο δὲ ὅλον γέγονεν ἵνα πληρωθῇ τὸ ῥηθὲν ὑπὸ κυρίου διὰ τοῦ προφήτου λέγοντος·

²³**ἰδοὺ ἡ παρθένος ἐν γαστρὶ ἕξει καὶ**
τέξεται υἱόν,
καὶ καλέσουσιν τὸ ὄνομα αὐτοῦ Ἐμμανουήλ,
ὅ ἐστιν μεθερμηνευόμενον μεθ' ἡμῶν ὁ θεός. ²⁴ἐγερθεὶς δὲ ὁ Ἰωσὴφ ἀπὸ τοῦ ὕπνου ἐποίησεν ὡς προσέταξεν αὐτῷ ὁ ἄγγελος κυρίου καὶ παρέλαβεν τὴν γυναῖκα αὐτοῦ, ²⁵καὶ οὐκ ἐγίνωσκεν αὐτὴν ἕως οὗ ἔτεκεν υἱόν· καὶ ἐκάλεσεν τὸ ὄνομα αὐτοῦ Ἰησοῦν.

Glosario

τέξεται, verbo en futuro: dará a luz.
καλέσεις, verbo en futuro: llamará, nombrará.
ὄνομα, -τος, τό: el nombre.
σώσει, verbo en futuro: salvará.
λαός, -οῦ, ὁ: el pueblo.
ἀπό, preposición seguida de genitivo: de, desde.
ἁμαρτία, -ας, ἡ: pecado.
τοῦτο ὅλον, pronombre seguido de adjetivo en neutro: todo esto.
γέγονεν, verbo en perfecto: suceder.

ἵνα, conjunción seguido de subjuntivo: para que.
πληρωθῇ, verbo en pasado simple (aoristo): cumpliera.
ῥηθέν, verbo en pasado simple (aoristo en voz pasiva y participio): decir. Como el verbo tiene un artículo, trabaja como un adjetivo en forma sustantivada. Esto se debe a que los participios comparten la naturaleza adjetival y por lo tanto toman casos. En este caso sería: lo que dijo.
ὑπό, preposición seguida de genitivo: por.
κύριος, -ου, ὁ: el Señor.
διά, preposición seguida de genitivo: a través de.
προφήτης, -ου, ὁ, masculino de la primera declinación: el profeta.
λέγοντος, verbo en presente (participio funcionando en esta ocasión como un verbo, por esta razón no tiene artículo): decir.
παρθένος, -ου, ὁ, ἡ, sustantivo, femenino de segunda declinación: la virgen, la doncella.
ἕξει, verbo en futuro: tener.
μεθερμηνευόμενον: traducido, interpretado.
μεθ', preposición seguida de genitivo: con.
ἐγερθείς verbo en pasado simple (aoristo): levantarse.
ἐποίησεν, verbo en pasado simple (aoristo): hizo.
ὡς, conjunción: conforme, como.
προσέταξεν, verbo en pasado simple (aoristo): ordenó.
γυνή, -αικός, ἡ: mujer.
οὐκ, adverbio de negación: no.
ἐγίνωσκεν, verbo preterito imperfecto de **γινῶσκω**: conocía.
ἕως, preposición impropia: hasta que.
ἔτεκεν, verbo en pasado simple (aoristo): dio a luz.
ὕπνος, ου, ὁ: sueño, somnolencia.

Vocabulario para memorizar

ἀγάπη, -ης, ἡ: amor.
ἀλήθεια, -ας, ἡ: verdad
ἁμαρτία, -ας, ἡ: pecado.
βασιλεία, -ας, ἡ: reino.
γῆ, -ῆς, ἡ: tierra.
δικαιοσύνη, -ης, ἡ: justicia.
εἰρήνη, -ης, ἡ: paz.
καρδία, -ας, ἡ: corazón.
κεφαλή, -ῆς, ἡ: cabeza.
μαθητής, -οῦ, ὁ: discípulo.

Lección ε
Adjetivos de la primera y segunda declinación

Los adjetivos son modificadores que describen o hacen preciso lo que queremos decir de un sustantivo, como "**este** amigo", "**tres** países", "el libro **rojo**".

Los adjetivos griegos se declinan como los sustantivos. Concuerdan con los sustantivos en caso, género y número (como en español: el libro **rojo**, los libros **rojos**). El griego funciona igual que el español de manera que los adjetivos concuerdan con sus sustantivos, pronombres y artículos en género y número. En griego, los adjetivos también concuerdan en el caso con el sustantivo que cualifican. Así diríamos: ὁ ἀγαθὸς ἄνθρωπος, esto es, **el buen ser humano**. La mayor parte de los adjetivos tienen los tres géneros de los sustantivos griegos (masculino, femenino y neutro). Algunos adjetivos son lo que se conoce como duales: es decir, lo mismo indica un masculino que un neutro. El 85% de los adjetivos del Nuevo Testamento se flexionan en masculinos, femeninos y neutros. Otro grupo menor de adjetivos en el Nuevo Testamento sólo tienen dos sistemas de desinencias: masculino y neutro.

Los adjetivos en el griego bíblico aparecen en tres posiciones en relación con el sustantivo que modifican:

(1) Adjetivos en posición atributiva:
En este caso, el adjetivo atributivo describe un sustantivo. El adjetivo se localiza entre el artículo y el sustantivo. El punto esencial es

que el adjetivo es antecedido por un artículo definido. Hay dos modalidades para estos adjetivos:

a) artículo + adjetivo + sustantivo : ὁ ἀγαθὸς ἄνθρωπος : **el buen ser humano**.

b) artículo + sustantivo, artículo + adjetivo : ὁ ἄνθρωπος ὁ ἀγαθός o ὁ ἀγαθός ὁ ἄνθρωπος: **el buen ser humano**. Literalmente se traduciría como el hombre, el bueno, para dar énfasis, pero la traducción vierte esta construcción a la forma del idioma receptor, en este caso, el español, por lo que también se traduciría **el ser humano, el bueno**.

(2) Adjetivos en posición de predicado:

Todos los adjetivos que no están en posición atributiva son adjetivos en posición de predicado. En este caso el adjetivo hace una aserción concerniente al sustantivo al cual modifica. Si usáramos el ejemplo de arriba en posición de predicado lo escribiríamos: ὁ ἄνθρωπος ἀγαθός: que traduciríamos como: **el ser humano es bueno**. Nótese que hemos traducido el adjetivo como parte del predicado.

(3) El adjetivo en sustitución de un sustantivo:

Originalmente el adjetivo era un sustantivo. En ese caso, como en español, el adjetivo funciona como un sustantivo. Un ejemplo aparece en Juan 6.69: ὁ ἅγιος τοῦ θεοῦ, esto es, **el santo** (adjetivo usado en substitución de un sustantivo) **de Dios**.

La declinación de los adjetivos en masculino y neutro seguirá el patrón de la segunda declinación. Los adjetivos en femenino siguen los patrones de la primera declinación. Cuando describamos la tercera declinación, abordaremos los adjetivos que siguen dicho patrón.

Paradigma de alfa pura

La palabra δίκαιος (**justo**) nos muestra un ejemplo de un adjetivo cuyo femenino se declina en alfa pura. Nótese que el patrón de la alfa pura sólo se encuentra en la forma femenina del adjetivo. La forma masculina y el neutro se declinan siguiendo el patrón de la segunda declinación que hemos visto en la segunda declinación.

Adjetivos de la primera y segunda declinación

δίκαιος : justo

Singular	Masculino	Femenino	Neutro
Nom.	δίκαιος	δίκαια	δίκαιον
Gen.	δικαίου	δικαίας	δικαίου
Dat.	δικαίῳ	δικαίᾳ	δικαίῳ
Acus.	δίκαιον	δικαίαν	δίκαιον
Plural			
Nom.	δίκαιοι	δίκαιαι	δίκαια
Gen.	δικαίων	δικαίων	δικαίων
Dat.	δικαίοις	δικαίαις	δικαίοις
Acus.	δικαίους	δικαίας	δίκαια

Paradigma en alfa impura

El adjetivo **ἀγαθός** (**bueno**) nos muestra la forma de la alfa impura en el femenino. Nótese que el patrón de la alfa impura cubre sólo la forma femenina del adjetivo. La forma masculina y neutra opera en el patrón de la segunda declinación.

ἀγαθός : bueno

Singular	Masculino	Femenino	Neutro
Nom.	ἀγαθός	ἀγαθή	ἀγαθόν
Gen.	ἀγαθοῦ	ἀγαθῆς	ἀγαθοῦ
Dat.	ἀγαθῷ	ἀγαθῇ	ἀγαθῷ
Acus.	ἀγαθόν	ἀγαθήν	ἀγαθόν
Plural			
Nom.	ἀγαθοί	ἀγαθαί	ἀγαθά
Gen.	ἀγαθῶν	ἀγαθῶν	ἀγαθῶν
Dat.	ἀγαθοῖς	ἀγαθαῖς	ἀγαθοῖς
Acus.	ἀγαθούς	ἀγαθάς	ἀγαθά

Paradigma de adjetivos duales (masculinos/femeninos, neutros)

A continuación presentaremos un ejemplo de un adjetivo dual. La mayor parte de los adjetivos duales sólo tienen los accidentes del masculino y el neutro. Esto se debe a que el griego es un idioma con una cultura patriarcal como trasfondo que deja sentir el predominio de las imágenes masculinas inclusive en el lenguaje. El lenguaje femenino era más limitado como parte de la estructura cultural del patriarcado.

ἀδύνατος: imposible, débil

Singular	Masculino	Neutro
Nom.	ἀδύνατος	ἀδύνατον
Gen.	ἀδυνάτου	ἀδυνάτου
Dat.	ἀδυνάτῳ	ἀδυνάτῳ
Acus.	ἀδύνατον	ἀδύνατον
Plural		
Nom.	ἀδύνατοι	ἀδύνατα
Gen.	ἀδυνάτων	ἀδυνάτων
Dat.	ἀδυνάτοις	ἀδυνάτοις
Acus.	ἀδυνάτους	ἀδύνατα

Paradigma del adjetivo πρῶτος

Hasta aquí, el paradigma empleado para reconocer la mayor parte de las palabras en primera y segunda declinación ha sido el artículo definido. Ahora añadiremos otro paradigma similar: el adjetivo πρῶτος. Es necesario memorizarlo para reconocer la mayoría de las palabras en primera y segunda declinación.

Adjetivos de la primera y segunda declinación

πρῶτος: primero

Singular	Masculino	Femenino	Neutro
Nom.	πρῶτος	πρώτη	πρῶτον
Gen.	πρώτου	πρώτης	πρώτου
Dat.	πρώτῳ	πρώτῃ	πρώτῳ
Acus.	πρῶτον	πρώτην	πρῶτον
Plural			
Nom.	πρῶτοι	πρῶται	πρῶτα
Gen.	πρώτων	πρώτων	πρώτων
Dat.	πρώτοις	πρώταις	πρώτοις
Acus.	πρώτους	πρώτας	πρῶτα

Más adelante discutiremos los adjetivos comparativos que, como en español, comparan lo poco, lo mucho y lo superlativo.

Tarea

1. Memorice el patrón de **πρῶτος** como paradigma básico para la primera y segunda declinación.
2. Identifique todos los adjetivos en primera y segunda declinación en Mateo 1.1-25.
3. Repase lo aprendido hasta aquí, asegurándose de que recuerda y entiende todos los paradigmas.
4. Vuelva sobre Mateo 1.1-25 y note los ejemplos de lo aprendido.
5. Con el vocabulario de las palabras para memorizar que hemos aprendido hasta esta lección y las palabras aprendidas en esta lección construya las siguientes frases adjetivales:

   a. los seres humanos buenos (nom. pl.)
   _____

   b. a hermanos (acusativo pl.)
   _____

   c. de mala paz (genitivo)
   _____

d. para la buena hermana (dativo)
_____

e. de los reinos hermosos (genitivo)
_____

6. Usando el adjetivo πρῶτος, ponga en forma congruente con género, número y caso las siguientes frases adjetivales:
   a. Posición atributiva:
      1. ὁ ἄνθρωπος_____.
      2. τοῖς ἀνθρώποις_____.
      3. τοὺς ἀνθρώπους_____.
      4. τοῦ ἀνθρώπου_____.
   b. Posición de predicado
      1. _____ τῷ ἀνθρώπῳ.
      2. _____ τὸν ἄνθρωπον.
      3. _____ οἱ ἄνθρωποι.
      4. _____ τῶν ἀνθρώπων.

7. Dé una traducción literal al español de las frases en el ejercicio previo.

Lectura y traducción

El padrenuestro en Lucas
Πάτερ, ἁγιασθήτω τὸ ὄνομά σου
ἐλθέτω ἡ βασιλεία σου
τὸν ἄρτον ἡμῶν τὸν ἐπιούσιον δίδου ἡμῖν τὸ καθ' ἡμέραν
καὶ ἄφες ἡμῖν τὰς ἁμαρτίας ἡμῶν,
καὶ γὰρ αὐτοὶ ἀφίομεν παντὶ ὀφείλοντι ἡμῖν
καὶ μὴ εἰσενέγκῃς ἡμᾶς εἰς πειρασμόν.

Glosario

πατήρ, -τρός, ὁ: padre.
ἐν, preposición seguida de dativo: en.
οὐρανος, -ου, ὁ: el cielo.
ἁγιασθήτω, verbo pasado simple (aoristo, imperativo en voz pasiva) de ἁγιάζω: sea santificado.
ὄνομα, -ατος, τό: el nombre.

ἐλθέτω, verbo en pasado simple en imperativo de ἔρχομαι: que venga.
βασιλεία, -ας, ἡ: reino.
ἄρτος, -ου, ὁ: pan.
ἐπιούσιος, -ον, adjetivo: diario, de este día, de mañana.
δίδου, verbo presente imperativo de δίδωμι: danos.
σήμερον, adverbio: hoy.
ἄφες, verbo pasado simple (aoristo) en imperativo con sentido futuro de ἀφίημι: librar, perdonar, condonar.
ὀφείλημα, -ατος, τό: deudas.
μή, adverbio de negación: no.
εἰσενέγκῃς, verbo pasado simple de εἰσφέρω: meter, invitar, traer, empujar, dirigir.
εἰς, preposición seguida de acusativo: en.
πειρασμός, -ου, ὁ: tentación.

Vocabulario para aprender

ἀδελφός, -οῦ, ὁ: hermano.
ἀγαθός, -οῦ, ὁ: bueno.
καλός, -οῦ, ὁ: bello, bueno, hermoso.
μικρός, -ή, -όν: pequeño.
μόνος, -η, -ον: solo, único, solitario.
νομικός, -ή, -όν: escriba, intérprete de la ley.
ὀλίγος, -η, -ον: pocos, escasos, pequeños.
μέσος, -η, -ον: en medio.
πονερός, -ά, -όν: mal, impío, malvado.
τρίτος, -η, -ον: tercero.

Lección ζ
Pronombres

Un pronombre es una palabra que substituye un sustantivo. Así podemos decir, **ésta,** sustituyendo a un sustantivo en forma femenina. Hay nueve tipos de pronombres en el griego coiné, a saber, (1) pronombre personal, (2) pronombre relativo, (3) pronombre demostrativo, (4) pronombre intensivo, (5) pronombre posesivo, (6) pronombre reflexivo, (7) pronombre recíproco, (8) pronombre interrogativo y (9) pronombre indefinido. Ya hemos estudiado el artículo definido. Cuando éste se usa sin modificar ningún sustantivo o adjetivo significa **aquel, aquella, aquello.** También hemos cubierto el pronombre relativo, ὅς (**quien**) como paradigma de la primera y segunda declinación. Como los pronombres son tan comunes en las lecturas, en esta lección vamos a hacer una descripción amplia de los pronombres y sus sistemas de declinación. No hay que memorizar todos estos pronombres. Si se dominan los paradigmas de la primera y segunda declinación se podrán reconocer las formas de los distintos pronombres en los textos.

El pronombre personal

El pronombre personal es la palabra que se usa como substituto de un sustantivo y se refiere a (1) la primera persona (**yo, nosotros, nosotras**), (2) la segunda (**tú, ustedes** [vosotros/as en España], o (3) la tercera (**él, ella, ello, ellos, ellas**). En griego, el pronombre personal sigue el patrón de la primera y segunda declinaciones con alguna irregularidad. Los pronombres personales son:

Casos	1ª persona		2ª persona		3ª persona	
Nom. sing.	ἐγώ	yo	σύ	tú		
Gen. sing.	ἐμοῦ o μοῦ	de mí	σοῦ	de ti	οὗ	de él
Dat. sing.	ἐμοί o μοί	para mí	σοί	para ti	οἷ	para él
Acus. sing.	ἐμέ o μέ	me	σέ	te	ἕ	le
Nom. pl.	ἡμεῖς	nosotros	ὑμεῖς	ustedes	σφεῖς	ellos
Gen. pl.	ἡμῶν	de nosotros	ὑμῶν	de ustedes	σφῶν	de ellos
Dat. pl.	ἡμῖν	para nosotros	ὑμῖν	para ustedes	σφίσι	para ellos
Acus. pl.	ἡμᾶς	a nosotros	ὑμᾶς	a ustedes	σφᾶς	a los

Pronombre reflexivo

Un pronombre reflexivo indica que la acción expresada por el verbo es referida de vuelta al propio sujeto como cuando decimos **yo me peino**. El paradigma del pronombre reflexivo es el siguiente:

Casos	1ª persona	2ª persona	3ª persona
Gen. sing.	ἐμαυτοῦ, ἐμαυτῆς	σεαυτοῦ, σεαυτῆς	ἑαυτοῦ, ἑαυτῆς, ἑαυτοῦ
Dat. sing.	ἐμαυτῷ, ἐμαυτῇ	σεαυτῷ, σεαυτῇ	ἑαυτῷ, ἑαυτῇ, ἑαυτῷ
Acus. sing.	ἐμαυτόν, ἐμαυτήν	σεαυτόν, σεαυτήν	ἑαυτόν, ἑαυτήν, ἑαυτό
Gen. pl.	ἡμῶν αὐτῶν	ὑμῶν αὐτῶν	ἑαυτῶν, ἑαυτῶν, ἑαυτῶν
Dat. pl.	ἡμῖν αὐτοῖς, -αῖς	ὑμῖν αὐτοῖς, -αῖς	ἑαυτοῖς, ἑαυταῖς, ἑαυτοῖς
Acus. pl.	ἡμᾶς αὐτούς, -άς	ὑμᾶς αὐτούς, -άς	ἑαυτούς, ἑαυτάς, ἑαυτά

Nótese que los pronombres reflexivos son una combinación de los pronombres personales seguidos de **αὐτός**, en el mismo género y caso.

Pronombres posesivos

El pronombre posesivo describe la pertenencia de un objeto a un sujeto. En español diríamos **mío, tuyo, suyo, nuestro, vuestro, de ellos**. El paradigma para el pronombre posesivo es:

	Masculino	*Femenino*	*Neutro*	
1 ps. sing.	ἐμός	ἐμή	ἐμόν	mío/mía
2 ps. sing.	σός	σή	σόν	tuyo/tuya
3 ps. sing.	(ὅς)	(ἥ)	(ὅ)	suyo/suya
1 ps. pl.	ἡμέτερος	ἡμέτερα	ἡμέτερον	nuestro/a
2 ps. pl.	ὑμέτερος	ὑμέτερα	ὑμέτερον	vuestro/a
3 ps. pl.	σφέτερος	σφέτερα	σφέτερον	de ellos/as/ello

Pronombre recíproco

Un pronombre recíproco es aquel en el cual un sujeto plural se representa como afectado por un intercambio de la acción significada por el verbo. Tiene el sentido de mutualidad. El paradigma para el pronombre recíproco es **ἀλλήλων** que significa, **del uno al otro**:

	Masculino		*Femenino*		*Neutro*	
Gen.	ἀλλήλων	del uno al otro	ἀλλήλων	de una a la otra	ἀλλήλων	del uno al otro
Dat.	ἀλλήλοις	para uno al otro	ἀλλήλαις	para una a la otra	ἀλλήλοις	para uno al otro
Acus.	ἀλλήλους	uno al otro	ἀλλήλας	una a la otra	ἄλληλα	uno al otro

Nótese que estas formas son plurales, puesto que no puede haber reciprocidad en el singular.

Pronombres demostrativos

Los pronombres demostrativos son **οὗτος** (éste) y **ἐκεῖνος** (aquél). Los pronombres demostrativos son muy comunes en el Nuevo Testamento griego. Por lo tanto, se debe dar especial importancia a estos paradigmas. Las formas de **ἐκεῖνος** (aquél) son las siguientes:

Casos	Masculino	Femenino	Neutro
Nom. sing.	ἐκεῖνος	ἐκείνη	ἐκεῖνο
Gen. sing.	ἐκείνου	ἐκείνης	ἐκείνου
Dat. sing.	ἐκείνῳ	ἐκείνῃ	ἐκείνῳ
Acus. sing.	ἐκεῖνον	ἐκείνην	ἐκεῖνο
Nom. pl.	ἐκεῖνοι	ἐκεῖναι	ἐκεῖνα
Gen. pl.	ἐκείνων	ἐκείνων	ἐκείνων
Dat. pl.	ἐκείνοις	ἐκείναις	ἐκείνοις
Acus. pl.	ἐκείνους	ἐκείνας	ἐκεῖνα

Las formas de **οὗτος** (éste) son las siguientes:

Casos	Masculino	Femenino	Neutro
Nom. sing.	οὗτος	αὕτη	τοῦτο
Gen. sing.	τούτου	ταύτης	τούτου
Dat. sing.	τούτῳ	ταύτῃ	τούτῳ
Acus. sing.	τοῦτον	ταύτην	τοῦτο
Nom. pl.	οὗτοι	αὗται	ταῦτα
Gen. pl.	τούτων	τούτων	τούτων
Dat. pl.	τούτοις	ταύταις	τούτοις
Acus. pl.	τούτους	ταύτας	ταῦτα

Otro pronombre demostrativo bastante común en el NT es **ὅδε** (ése, el siguiente):

Casos	Masculino	Femenino	Neutro
Nom. sing.	ὅδε	ἥδε	τόδε
Gen. sing.	τοῦδε	τῆσδε	τοῦδε
Dat. sing.	τῷδε	τῇδε	τῷδε
Acus. sing.	τόνδε	τήνδε	τόδε
Nom. pl.	οἵδε	αἵδε	τάδε
Gen. pl.	τῶνδε	τῶνδε	τῶνδε
Dat. pl.	τοῖσδε	ταῖσδε	τοῖσδε
Acus. pl.	τούσδε	τάσδε	τάδε

El pronombre intensivo

El pronombre intensivo es **αὐτός** (el mismo). Tiene la función de recalcar la identidad. Cuando el pronombre intensivo sucede a un artículo se dice que está en posición atributiva. En este caso significa **el mismo**. Si el pronombre intensivo no sigue un artículo se dice que está en posición de predicado y entonces se traduce como **uno mismo**. El intensivo es uno de los pronombres más comunes en el Nuevo Testamento. El paradigma es el siguiente:

él, ella, ello

Casos	Masculino	Femenino	Neutro
Nom. sing.	αὐτός	αὐτή	αὐτό
Gen. sing.	αὐτοῦ	αὐτῆς	αὐτοῦ
Dat. sing.	αὐτῷ	αὐτῇ	αὐτῷ
Acus. sing.	αὐτόν	αὐτήν	αὐτό
Nom. pl.	αὐτοί	αὐταί	αὐτά
Gen. pl.	αὐτῶν	αὐτῶν	αὐτῶν
Dat. pl.	αὐτοῖς	αὐταῖς	αὐτοῖς
Acus. pl.	αὐτούς	αὐτάς	αὐτά

El pronombre interrogativo

Según Seco, el pronombre interrogativo "es el que sustituye a un nombre de persona o cosa que por el momento se ignora, y que es por ello objeto de pregunta".

τίς: quién, qué

Casos	Masculino/Femenino	Neutro
Nom. sing.	τίς	τί
Gen. sing.	τίνος, τοῦ	τίνος
Dat. sing.	τίνι, τῷ	τίνι
Acus. sing.	τίνα	τί
Nom. pl.	τίνες	τίνα
Gen. pl.	τίνων	τίνων
Dat. pl.	τίσι	τίσι
Acus. pl.	τίνας	τίνα

El pronombre indefinido

El griego no tiene artículo indefinido. Para expresar una idea en un sentido general se utiliza el pronombre indefinido. La forma es idéntica a la del pronombre interrogativo, pero es una forma enclítica. (Las enclíticas son palabras que en su pronunciación están apegadas a las palabras que le anteceden, de manera que se pronuncian como si fueran una sola palabra. Generalmente, esto se marca ortográficamente, porque la enclítica pierde el acento a favor de la palabra que le antecede. Esto podría producir el fenómeno de que esa palabra que reciba el acento tenga dos acentos. Un ejemplo de una palabra enclítica pasando su acento a la palabra previa lo encontramos en Juan 1.15: ἔμπροσθέν μου. Nótese que la palabra ἔμπροσθέν tiene dos acentos porque ha tomado el acento del pronombre μοῦ. El paradigma del pronombre indefinido es el siguiente:

τὶς: alguno, cierto

Casos	Masculino/Femenino	Neutro
Nom. sing.	τὶς	τὶ
Gen. sing.	τινός, τοῦ	τινός, τοῦ
Dat. sing.	τινί, τῳ	τινί, τῳ
Acus. sing.	τινά	τὶ
Nom. pl.	τινές	τινά
Gen. pl.	τινῶν	τινῶν
Dat. pl.	τισί	τισί
Acus. pl.	τινάς	τινά

Estas palabras en su forma de pronombre indefinido no muestran un acento constante porque funcionan como enclíticas.

Tarea

1. Examine y analice todos los pronombres que se encuentran en Juan 1.1-5. Haga una lista de cada pronombre con su explicación gramatical (caso, género, número y traducción) para cada uno.
2. Analice cada palabra de la lectura. Identifique las palabras en primera y segunda declinación.
3. Identifique los adjetivos en el pasaje bíblico. Identifique si son adjetivos en posición atributiva o en posición de predicado.
4. Dé una traducción literal del pasaje usando la ayuda en el glosario.
5. Observe los errores que comenten grupos de estudiantes y anótelos para repasar y aclarar los conceptos. Comience con el glosario de Juan 1 y luego entre en la lectura y traducción de este capítulo.
6. Con los pronombres y el vocabulario que ya usted conoce traduzca al griego las siguientes frases:
    a. Ciertos seres humanos _____
    b. Mi hermana _____
    c. El justo mismo _____
    d. La justicia suya _____

7. Traduzca las siguientes frases al español:
   a. τὶ αδελφός
   b. οἱ ἀγαθοί
   c. ἐκεῖνοι οἱ λόγοι
   d. ὁ ἄνθρωπος αὐτός
   e. τοῦτον ἀποστολόν
8. Intente poner en diagramas los primeros versículos de Juan 1.1-5. Separe en la gráfica el sujeto del predicado y los componentes del sujeto y del predicado.

Lectura y traducción

Juan 1.1-5

Ἐν ἀρχῇ ἦν ὁ λόγος, καὶ ὁ λόγος ἦν πρὸς τὸν θεόν, καὶ θεὸς ἦν ὁ λόγος. ²οὗτος ἦν ἐν ἀρχῇ πρὸς τὸν θεόν. ³πάντα δι' αὐτοῦ ἐγένετο, καὶ χωρὶς αὐτοῦ ἐγένετο οὐδὲ ἕν. ὃ γέγονεν ⁴ἐν αὐτῷ ζωὴ ἦν, καὶ ἡ ζωὴ ἦν τὸ φῶς τῶν ἀνθρώπων· ⁵καὶ τὸ φῶς ἐν τῇ σκοτίᾳ φαίνει, καὶ ἡ σκοτία αὐτὸ οὐ κατέλαβεν.

Glosario

ἐν, preposición seguida por dativo: en.
ἀρχή, -ῆς, ἡ: principio.
ἦν, verbo pretérito imperfecto de εἰμί: era o estaba.
λόγος, -ου, ὁ: palabra.
καί, conjunción: y, pero, entonces.
πρός, preposición seguida de acusativo: con, hacia.
θεός, -οῦ, ὁ: Dios.
πᾶς, πᾶσα, πᾶν, adjetivo: todo, toda.
διά, preposición seguido de genitivo: a través.
αὐτός, -ή, -όν, pronombre personal: él, ella, ello, puede funcionar como un intensivo: él mismo. También puede funcionar como posesivo, esto es: suyo, tuyo, su.
ἐγένετο, verbo pasado simple de γίγνομαι: fue, llegó a ser.
χαρίς, preposición seguida de genitivo: aparte de.
οὐδεις, οὐδεμία, οὐδέν, gen. οὐδενός, οὐδεμίας, οὐδενός: ni una cosa, ninguna.

εἷς, μία, ἕν: uno, una, una cosa.
ὅς, ἥ, ὅ, οὗ, ἧς, οὗ, pronombre relativo: aquel que, aquella que.
ζωή, -ῆς, ἡ: vida.
φῶς, -τός, τό: luz.
σκοτία, -ας, ἡ: tinieblas.
φαίνω, verbo presente: mostrar, en medio/pasivo aparecer.
κατέλαβεν, verbo pasado simple (aoristo) de καταλαμβάνω, que a su vez procede de λαμβάνω: apoderarse de, agarrar, tomar, sujetar, apoderarse de, conquistar.

Nota:
De aquí en adelante sólo se proveerá la información sobre los sustantivos que sean irregulares o de tercera declinación, y la traducción será básica. Será posible, a base de lo aprendido, inferir el tipo de palabra, el género, el número y el tipo de declinación.

Vocabulario para aprender

ἐκεῖνος, -η, -ο: ese, esa, eso.
ὅς, ἥ, ὅ: aquel que, aquella que, aquello que.
ὅστις, ἥτις, ὅτις: el cual, la cual, lo cual.
οὗτος, αὕτη, τοῦτο, pronombre demostrativo: éste, ésta, esto.
ἐγώ, μοῦ: yo.
σύ, σοῦ: tú.
ἡμεῖς, ἡμῶν: nosotros.
ὑμεῖς, ὑμῶν: ustedes.
αὐτός, -ή, ὁ: (1) él, ella, ello mismo, (2) él, ella, ello, (3) él, la, lo.
τίς: quién.
τὶς: alguno.

Lección η
Preposiciones y conjunciones

En esta lección abordaremos las preposiciones y las conjunciones. Hemos señalado que las preposiciones son las palabras más ambiguas que hay en la traducción. El contexto literario y el uso en un texto pueden ayudar. No hay sustitución a la práctica que se va perfeccionando a través del tiempo en la lectura y comprensión del texto.

Preposiciones

El concepto preposición proviene del latín, *praepositio,* en donde significa literalmente poner delante. Una preposición es una palabra que indica la relación de un sustantivo o un pronombre con un verbo o con otro sustantivo o con un grupo de palabras. Seco define una preposición como una palabra que "establece relaciones más o menos complicadas entre dos objetos, un fenómeno y un objeto o una cualidad y un objeto". Señala que para comprender qué es una preposición hay que considerar un ejemplo de dos palabras separadas tales como salimos (un verbo) y jardín (un sustantivo). Entre estas dos palabras no hay ninguna relación gramatical o ideológica. Si tratamos de relacionarlas, necesitamos una preposición. Para expresar las distintas relaciones entre jardín y salimos necesitamos palabras que establezcan una relación entre ambas. Así podríamos decir: salimos **del** jardín, salimos **al** jardín, salimos **por** el jardín, salimos **hacia** el jardín o salimos

hasta el jardín. La palabra que estableció relación entre nuestras dos palabras es una preposición.

El español tiene las siguientes preposiciones: **a, ante, bajo, cabe** (junto), **con, contra, de, desde, durante, en, entre, hacia, hasta, mediante, para, por, según, sin, so** (bajo), **sobre, tras, versus** y **vía**.

Las preposiciones cumplen varias funciones en la oración. Marcan la dirección y la posición relativa de la acción, el movimiento, o estado expresado por el verbo. De esta forma asisten a los verbos ayudándolos a expresar más específicamente su relación con los sustantivos. También definen la acción de los verbos, conectan los verbos y otras palabras con los casos oblicuos de sustantivos y pronombres, y unen verbos con sustantivos y otras preposiciones para formar verbos compuestos. Las preposiciones también enlazan un sustantivo con otro: libro **de** Juan, gato **con** botas. Las preposiciones pueden unir un adjetivo con sus sustantivos, como, por ejemplo: tardo **de** comprensión; útil **para** la enseñanza (Seco, 86).

En griego coiné, las preposiciones tienen tres usos principales:
Como adverbios definiendo la acción de los verbos.
Conectando verbos con otras palabras
Conectando varios verbos para formar verbos compuestos.

Los casos relacionados a las preposiciones pueden indicar algún tipo de relación de localización de un sustantivo. Así, las preposiciones que van seguidas de sustantivos con el caso dativo tienden a responder a la pregunta **en dónde**. Así la frase ἐν μέσῳ τοῦ ὕδατος (**en medio** del agua) tiene una preposición que va seguida de dativo. Pero una mirada atenta a la frase indica que la acción del verbo que toma esta preposición responde a la pregunta sobre dónde se lleva a cabo la acción descrita en el relato. La frase preposicional denota el lugar donde se localiza lo que se está describiendo, que en este caso es la bóveda celestial que separaba las aguas celestiales de las aguas del abismo.

En éste mismo ámbito de las preposiciones como palabras que establecen la localización en la realidad de un sustantivo, pronombre o adjetivo, si la preposición va seguida de un sustantivo con el caso en genitivo, generalmente responde a la pregunta **de dónde**. La acción denota un movimiento que responde a esta pregunta. En Génesis 2.2 (LXX) se nos describe la acción de Dios luego de haber trabajado seis días en la creación: καὶ κατέπαυσεν τῇ ἡμέρᾳ τῇ ἑβδόμῃ *ἀπὸ πάντων τῶν ἔργων αὐτοῦ* ὧν ἐποίσεν. La preposición está en negritas e itálicas y los adjetivos y sustantivos que le siguen en el caso genitivo han sido ennegrecidos. La frase se podría explicar en el sentido de que Dios descanso "**de** todo cuanto había hecho". Nótese que la preposición muestra una relación entre la obra de la creación y el reposo. La preposición responde a la pregunta de dónde es que Dios reposa. La respuesta es "de toda la obra que él había hecho".

Con este mismo sentido de una relación de localización, si la preposición va seguida de un sustantivo con acusativo, responde a la pregunta **a dónde**. La preposición denota a dónde se localiza la acción del verbo. Un ejemplo de esto lo encontramos en Mateo 2.1: μαγοὶ... παρεγένοντο *εἰς* **Ἱεροσόλυμα**. He marcado la preposición con negritas y en itálicas y la palabra que le sigue en negritas está en acusativo. En este caso, el significado es "magos...llegaron **a** Jerusalén". La acción verbal es modificada por la frase preposicional que denota un movimiento **hacia** Jerusalén.

Preposiciones que toman un solo caso

Caso	Prep.	Equivalente en español
Con acusativo	ἀνά	arriba, otra vez, de vuelta
	εἰς	a, hacia, hasta, con el propósito de
Con dativo	ἐν	en, cerca de, sobre, entre, durante, con, por causa de
	σύν	con, en conformidad con, además, junto con
Con genitivo	ἀντί	contra, en vez de, a cambio de, en oposición a, por
	ἀπό	de, desde, después de, a consecuencia de, por medio de, de acuerdo a, con
	ἐξ, ἐκ	fuera de, por, por medio de, después de, debido a, en conformidad con
	πρό	antes de, frente a, en preferencia a, por

Preposiciones con varios casos

Hay varias preposiciones que trabajan con sustantivos en dos casos. Cuando esto sucede, la diferencia en los casos indica una diferencia en el sentido de la preposición de acuerdo al caso a través del cual se exprese. A continuación daremos una lista de preposiciones que aparecen en los textos con varios casos. El caso que tomen estas preposiciones hará que cambie el significado.

Preposición	Genitivo	Dativo	Acusativo
ἀμφί	concerniente		alrededor, cerca
ἀνά		sobre	sobre
διά	a través de, por medio de		debido a, porque
ἐπί	sobre	sobre	hacia, a favor de
κατά	contra, de arriba a abajo		de acuerdo a, sobre
μετά	con		después de
παρά	de junto a, de parte de	junto a, cerca	al lado de, a lo largo de
περί	por, respecto de, acerca de		en torno a
πρός	hacia	para, en,	con, hacia, a junto al, debido a
ὑπέρ	sobre, arriba de, a favor de		más allá de
ὑπό	bajo	debajo de	bajo

Preposiciones impropias

Las preposiciones impropias son una serie de adverbios que funcionan como preposiciones. Las más importantes son las siguientes:

Preposiciones y conjunciones

Preposición	Caso	Equivalente
ἄνευ	genitivo	sin
ἄχρι	genitivo	hasta, en tanto que
ἐγγύς	no toma genitivo	en seguida, inmediatamente
ἐκτός	genitivo	fuera de, excepto
ἔμπροσθεν	genitivo	antes
ἐναντίον	genitivo, dativo	en la presencia, delante de
ἕνεκα, ἕνεκεν	genitivo	a causa de
ἐντός	genitivo	en medio de, dentro de, entre
ἕως	genitivo	hasta
κυκλόθεν	genitivo	alrededor de
λάθρα	genitivo	sin el conocimiento de
μέχρι	genitivo	hasta, en tanto que
ὄπισθεν, ὀπίσω	genitivo	detrás
ὀψέ	genitivo	después de
πλήν	genitivo	excepto
πλησίον	genitivo, dativo	cerca
χάριν	genitivo	debido a
χωρίς	genitivo	aparte de

Todo esto puede parecer difícil de memorizar. Pero el uso en la lectura y traducción del griego nos obligará a volver sobre estas preposiciones vez tras vez. Poco a poco se irán internalizando las preposiciones más comunes.

Conjunciones

El término conjunción proviene del latín, *conjungere*, esto es, unir. Señala Rafael Seco que si las preposiciones enlazan palabras, las conjunciones enlazan oraciones enteras, otras palabras, frases y cláusulas. Las conjunciones coordinan o subordinan. El cambio de pensamiento se indica generalmente mediante una conjunción. En la tabla de las conjunciones que aparece más abajo hay una columna que indica el carácter de cada conjunción.

Una conjunción muy común es la copulativa. La conjunción copulativa típica en español es y. Este tipo de conjunción indica conexión o adición entre los miembros coordinados de una frase. Cuando la frase tiene más de dos sustantivos coordinados copulativamente, el último antepone la y. Así, la frase "lápiz, papel y tijera" recibe la conjunción copulativa en el último sustantivo coordinado. En griego, la conjunción copulativa típica es καί. No obstante, τε, también trabaja como una conjunción copulativa. Un ejemplo de esta conjunción la encontramos en la primera línea del texto bíblico: ἐν ἀρχῇ ἐποίησεν ὁ θεὸς τὸν οὐρανὸν **καὶ** τὴν γῆν. He puesto la conjunción en negritas. La traducción será: "En el principio Dios creo los cielos **y** la tierra."

Una conjunción adversativa une dos elementos, contraponiendo el segundo a la noción expuesta en el primero. Encontramos un ejemplo de este tipo de conjunción en el Padrenuestro (versión de Mateo): καὶ μὴ εἰσενέγκῃς ἡμᾶς εἰς πειρασμόν, **ἀλλὰ** ῥῦσαι ἡμᾶς ἀπὸ τοῦ πονηροῦ. He señalado la conjunción adversativa está en negritas. La traducción podría ser: Y no nos metas en tentación,— **mas, pero, sino que, sin embargo**—, líbranos del mal(o).

La conjunción pospositiva sirve para destacar una palabra. Así, **γέ**, puede traducirse como: en efecto. Un ejemplo de **γέ** en el texto bíblico se halla en Génesis 18.13 (LXX): τί ὅτι ἐγέλασεν Σαρρα ἐν ἑαυτῇ λέγουσα ἆρά **γε** ἀληθῶς τέξομαι ἐγὼ δὲ γεγήρακα. He puesto la conjunción **γέ** en negrita. La traducción sería:

"¿Por qué rió Sara dentro de sí diciendo, **de veras** concebiré ahora que he envejecido?"

Las conjunciones causales son aquellas que indican que lo expresado en el segundo miembro de una cláusula subordinada son efectos o consecuencias en relación con el primer miembro. Las conjunciones causales más comunes en español son **con que, así que, luego**. En Mateo 1.20 tenemos un ejemplo de la conjunción gar: τὸ **γὰρ** ἐν αὐτῇ γεννηθὲν ἐκ πνεύματος ἐστιν ἁγίου. La traducción literal será: **Pues** lo engendrado en ella es procedente del Espíritu Santo.

Las conjunciones condicionales son aquellas que introducen proposiciones condicionales. La conjunción condicional básica en español es **si**. En griego hay una serie de preposiciones condicionales tales como εἰ, y ἐάν. Estas conjunciones condicionales generalmente son parte de una oración subordinada condicional. Un ejemplo de esto lo hallamos en en Mateo 4.6: εἰ υἱὸς εἶ τοῦ θεοῦ. La traducción literal es: **si** eres hijo de Dios... En la última parte del volumen II tenemos una sección sobre oraciones condicionales en el griego coiné.

Tabla de conjunciones

Conj.	Tipo	Equivalente en español
ἀλλά	adversativa	sin embargo, sino, pero
γέ	pospositiva	a lo menos, de veras, ciertamente, en efecto
ἄρα	pospositiva	por tanto, entonces, así que
γάρ	causal	porque, pues, ciertamente
δέ	pospositiva	sin embargo, no obstante, por otro lado
διό	causal	por lo cual
ἐάν	condicional	si (condición)
εἰ	condicional	si (condición, deseo)
ἐπεί	concesiva	siendo que, porque
ἤ...ἤ	correlativa	si...o
ἵνα	causal	para qué, con el propósito de (siempre viene acompañada de un verbo en subjuntivo)

Introducción al griego de la Biblia I

καί	copulativa	y, también
ὅτε	adverbial	cuando
ὅτι	causal	porque, por
οὖν	causal	por tanto, así que, consecuentemente
πλήν	adversativa	no obstante
πρίν	adverbial	antes
τε	copulativa	y
ὡς	causal	cuando, puesto que, para que
ὥστε	causal	de modo que

Tarea

1. Identifique todas las conjunciones en Juan 1.1-13.
2. Presente una lista de alternativas de traducción para estas conjunciones.
3. Identifique las palabras en primera y segunda declinación en Juan 1.1-13.
4. Identifique los adjetivos y la posición en que operan en nuestro relato.
5. Con la ayuda del glosario, haga una traducción sencilla del pasaje.
6. Identifique todas las frases preposicionales, explique que casos siguen a cada preposición y dé una traducción sencilla de cada frase preposicional.
7. Las siguientes oraciones están escritas de manera similar a las oraciones griegas. El propósito es irse relacionando con las frases preposicionales en griego coiné. Indique el caso de las siguientes frases preposicionales:

    a) El verbo estaba **con** Dios. _____
    b) El verbo era **en** el principio. _____
    c) **A través** de él era la vida. _____
    d) Había un hombre enviado **por** Dios. _____
    e) La luz estaba **encima** del mundo. _____
    f) El verbo vino **desde** el cielo. _____

8. Traduzca las siguientes frases al griego:
   a) Seres humanos y niños
      (nominativo)   _____
   b) en Cristo   _____
   c) hacia el testimonio _____
   d) con los seres humanos _____
   e) procedente del mundo _____

Lectura y traducción

Juan 1.6-13

⁶Ἐγένετο ἄνθρωπος, ἀπεσταλμένος παρὰ θεοῦ, ὄνομα αὐτῷ Ἰωάννης· ⁷οὗτος ἦλθεν εἰς μαρτυρίαν ἵνα μαρτυρήσῃ περὶ τοῦ φωτός, ἵνα πάντες πιστεύσωσιν δι' αὐτοῦ. ⁸οὐκ ἦν ἐκεῖνος τὸ φῶς, ἀλλ' ἵνα μαρτυρήσῃ περὶ τοῦ φωτός. ⁹Ἦν τὸ φῶς τὸ ἀληθινόν, ὃ φωτίζει πάντα ἄνθρωπον, ἐρχόμενον εἰς τὸν κόσμον. ¹⁰ἐν τῷ κόσμῳ ἦν, καὶ ὁ κόσμος δι' αὐτοῦ ἐγένετο, καὶ ὁ κόσμος αὐτὸν οὐκ ἔγνω. ¹¹εἰς τὰ ἴδια ἦλθεν, καὶ οἱ ἴδιοι αὐτὸν οὐ παρέλαβον. ¹²ὅσοι δὲ ἔλαβον αὐτόν, ἔδωκεν αὐτοῖς ἐξουσίαν τέκνα θεοῦ γενέσθαι, τοῖς πιστεύουσιν εἰς τὸ ὄνομα αὐτοῦ, ¹³οἳ οὐκ ἐξ αἱμάτων οὐδὲ ἐκ θελήματος σαρκὸς οὐδὲ ἐκ θελήματος ἀνδρὸς ἀλλ' ἐκ θεοῦ ἐγεννήθησαν.

Glosario

ἄνθρωπος, -ου, ὁ: ser humano.
ἀπεσταλμένος, del verbo sistema perfecto de ἀπέρχομαι: habiendo sido enviado.
παρά, preposición seguida de genitivo: de parte de.
ὄνομα, ὀνόματος, τό: nombre.
Ἰωάννης, -ου, ὁ: Juan.
ἦλθεν, verbo en pasado simple (aoristo) de ἔρχομαι: venir.
εἰς, preposición seguida de acusativo: hacia, para, a favor.
μαρτυρία, -ας, ἡ: testimonio.
ἵνα, conjunción seguida de subjuntivo: para, con el propósito.

περί, preposición seguida de genitivo: en derredor de, por, acerca de, concerniente, seguida de dat: alrededor, cerca de: seguida de acusativo: alrededor, a lo largo de.
πιστεύω, verbo en presente: creer.
ἐκεῖνος, ἐκείνη, ἐκεῖνον: ése.
ἀλλά, conjunción: sin embargo.
ἀληθινός, -ή, -όν: verdadero.
φωτίζω, verbo en presente: alumbrar, iluminar.
ἔρχομαι, verbo en presente: venir.
κόσμος, -ου, ὁ: mundo, adorno.
ἔγνω, verbo en pasado simple de γιγνώσκω: conocer.
ἴδιος, ἴδια, ἴδιον: propio, suyo, peculiar.
ὅσος, ὅση, ὅσον: cuantos, cuan grande, cuan ancho, cuan largo, cuánto, todos los que.
ἔδωκεν, verbo en pasado simple (aoristo) de δίδωμι: dar.
ἐξουσία, -ας, ἡ: autoridad.
τέκνον, -ου, τό: niño, cría, hijo, vástago, descendiente.
γενέσθαι, verbo en pasado simple (aoristo): llegar a ser.
οἵ, αἵ, ὅ, pronombre relativo: el cuál, aquel que, quien.
οὐκ, οὐχ, οὐ, adverbio de negación: no.
ἐξ, ἐκ, preposición seguida de genitivo: procedente.
αἷμα, -ατος, τό, sustantivo, tercera declinación: sangre.
θελήμα -τος, τό, sustantivo, neutro, singular, tercera declinación: deseo, voluntad.
σάρξ, -κός, ἡ, sustantivo, femenino, singular, tercera declinación: la carne.
ἀνήρ -δρός, ὁ, sustantivo, masculino, singular, tercera declinación: varón.
ἐγεννήθησαν: verbo en pasado simple (aoristo) de γεννάω: nacer, en este caso, fueron hechos, fueron constituidos.

Vocabulario para memorizar

καί: y.
ἀλλά: pero.
δέ: pero.
ἤ: o.
οὖν: por lo tanto.

γάρ: pues.
ἐν: preposición que siempre es seguida por palabra en dativo, en.
σύν: preposición que siempre es seguida por palabra en dativo, con.
εἰς: preposición que siempre es seguida por palabra en acusativo, hacia.
ἐκ: preposición que siempre es seguida de genitivo, procedente de.

Lección θ
La tercera declinación

$\mathcal{E}$n las lecciones previas hemos estudiado la primera y la segunda declinación. El griego tiene un tercer sistema para sus sustantivos y adjetivos, la tercera declinación. La tercera declinación consiste de aquellos sustantivos, adjetivos y participios en voz activa cuya raíz termina en consonante.

La tercera declinación es un sistema de desinencias añadidas a la raíz de la palabra que indican la función de la palabra en la oración. Como ya hemos señalado en la primera y la segunda declinación, los casos que resultan de la declinación indican si la palabra es el sujeto (nominativo), el complemento directo (acusativo), el complemento indirecto (dativo), el complemento circunstancial (dativo) o si pertenecen a alguien (genitivo). Las desinencias más comunes de las palabras en tercera declinación son las siguientes:

Caso	Singular	Plural
Nom.	σ, ν, ρ, α (neutro)	ες, εις, η, α (neutro)
Gen.	ος, ους, έως	ων
Dat.	ι	σι
Acus.	α, ν, ς, α (neutro)	ας, εις, η, α (neutro)

Se notará la gran cantidad de desinencias que hay en la tercera declinación. Por esto hemos dejado la tercera declinación para esta etapa donde ya hay más fundamentos. Ya hemos visto la primera y segunda declinación y sus modalidades. Las palabras de la tercera declinación son mucho menos comunes que las de la primera y segunda declinación. No obstante, ya hemos visto en los glosarios suficientes palabras como para dejar claro que hay que dominar la tercera declinación. Además, con este conocimiento sobre la tercera declinación y sus modalidades habremos terminado los sistemas de declinación. El griego sólo tiene estas tres declinaciones.

Adjetivos cuyo masculino y neutro pertenecen a la tercera declinación

El paradigma que aprenderemos para la tercera declinación es el adjetivo **πᾶς** (todo). Este adjetivo sigue el patrón de la tercera declinación en masculino y neutro, pero el femenino se declina igual que las palabras de la primera declinación con alfa corta. Veamos:

Nom. sing.	πᾶς	πᾶσα	πᾶν
Gen. sing.	παντός	πάσης	παντός
Dat. sing	παντί	πάσῃ	παντί
Acus. sing.	πάντα	πᾶσαν	πᾶν
Nom. pl.	πάντες	πᾶσαι	πάντα
Gen. pl.	πάντων	πασῶν	πάντων
Dat. pl.	πᾶσι	πάσαις	πᾶσι
Acus. pl.	πάντας	πάσας	πάντα

Nótese que sólo el masculino y el neutro siguen el patrón de la tercera declinación. El femenino sigue el patrón de la primera declinación en alfa corta. Es necesario memorizar este patrón como paradigma básico para la tercera declinación.

Las siguientes formas son las modalidades más comunes de la tercera declinación. Aunque no es necesario memorizar estas formas, vale la pena mirar con detenimiento los ejemplos dados a continuación para tener una comprensión profunda de la tercera declinación. Veamos algunos patrones de palabras en la tercera declinación.

Palabras cuya raíz está sincopada

El proceso de perder una vocal o sonido dentro de una palabra se conoce como síncopa. En español, la palabra *hidalgo* manifiesta una síncopa en la supresión de la sílaba **jo**, esto es, **hijo** de **algo**.

En griego arcaico, las palabras que terminan en ηρ se formaban con una εερ. Con el tiempo se perdió una de las ε cuando la sílaba iba acentuada. La razón de esta pérdida es la tendencia de las lenguas a la simplicidad y la eufonía, esto es, la facilidad de pronunciar la palabra. En griego coiné, las palabras ἡ **μήτηρ**, ὁ **πατήρ**, ἡ **θυγάτηρ** y ἡ **γαστήρ** (madre, padre, hija, vientre) son buenos ejemplos de una palabra que fuera del nominativo suprime o corta el sonido de la ε dentro del interior de la palabra. Este tipo de palabras desarrolla una vocal secundaria en el dativo plural: como es el ejemplo de la **α** para formar **πατράσιν**. La **ν** en esta palabra se añadió al uso por eufonía. Es lo que se conoce como la **ν** movible. Veamos el paradigma de este primer ejemplo de una palabra en tercera declinación.

Caso	madre	padre	varón
Nom. sing.	μήτηρ	πατήρ	ἀνήρ
Gen. sing.	μητρός	πατρός	ἀνδρός
Dat. sing.	μητρί	πατρί	ἀνδρί
Acus. sing.	μητέρα	πατέρα	ἄνδρα
Nom. pl.	μητέρες	πατέρες	ἄνδρες
Gen. pl.	μητέρων	πατέρων	ἀνδρῶν
Dat. pl.	μητράσι	πατράσι	ἀνδράσι
Acus. pl.	μητέρας	πατέρας	ἄνδρας

Nótese cómo en el caso de las palabras **μήτηρ** y **πατήρ** las formas del genitivo y dativo singular y del dativo plural se ha sincopado la **η** que aparece en el nominativo. En los demás casos del sistema la **η** se ha transformado en una **ε**. Nótese adicionalmente que el dativo plural forma su desinencia con la forma **σι** precedida de una **α**.

Palabras cuya raíz termina en ς

Hay un pequeño grupo de palabras cuya raíz termina en sigma (**ς**). Estas palabras se declinan con mucha irregularidad. Los paradigmas a continuación nos mostrarán la naturaleza de las irregularidades en este tipo de palabras.

Caso	carne	año	cuerno
Nom. sing.	τὸ κρέας	τὸ ἔτος	τὸ κέρας
Gen. sing.	κρέως	ἔτους ο ἔτεος	κέρατος ο κέρως
Dat. sing.	κρέαι	ἔτει	κέρατι ο κέραι
Acus. sing.	κρέας	ἔτος	κέρας
Nom. pl.	κρέα	ἔτη	κέρατα ο κέρα
Gen. pl.	κρεῶν	ἐτῶν ο ἐτέω	κεράτων ο κερῶν
Dat. pl.	κρέασι	ἔτεσι	κέρασι
Acus. pl.	κρέα	ἔτη	κέρατα ο κέρα

Palabras cuya raíz tiene una consonante muda

Hay palabras cuya raíz incluye una **π** o **κ** muda. Esta consonante reaparece fuera del caso nominativo singular y el dativo plural. Veamos los siguientes ejemplos:

Casos	ladrón	carne	mujer
Nom. sing.	ὁ κλώψ	ἡ σάρξ	ἡ γυνή
Gen. sing.	κλωπός	σαρκός	γυναικός
Dat. sing.	κλωπί	σαρκί	γυναικί
Acus. sing.	κλῶπα	σάρκα	γυναῖκα
Nom. pl.	κλῶπες	σάρκες	γυναῖκες
Gen. pl.	κλωπῶν	σαρκῶν	γυναικῶν
Dat. pl.	κλωψί	σαρξί	γυναιξί
Acus. pl.	κλῶπας	σάρκας	γυναῖκας

Nótese que fuera del nominativo y el dativo plural las consonantes mudas π y κ aparecen con la desinencia. Lo que ha sucedido es que la consonante del nominativo ha sincopado la σ implícita en la ψ y la ξ. La ψ es igual a la suma de la π y la σ, la ξ es igual a la suma de la κ y la σ. Al eliminarse la σ han aparecido nuevamente las consonantes mudas, π, κ implícitas.

Palabras en τ muda

Hay una serie de palabras cuya raíz termina en τ muda. La τ reaparece fuera del nominativo. La excepción a esto es el dativo, donde la τ muda desaparece y sólo aparece la desinencia del dativo plural σι.

Casos	gracia	jefe	agua
Nom. sing.	ἡ χάρις	ὁ ἄρχων	τὸ ὕδωρ
Gen. sing.	χάριτος	ἄρχοντος	ὕδατος
Dat. sing.	χάριτι	ἄρχοντι	ὕδατι
Acus. sing.	χάριν	ἄρχοντα	ὕδωρ

Nom. pl.	χάριτες	ἄρχοντες	ὕδατα
Gen. pl.	χαρίτων	ἀρχόντων	ὑδάτων
Dat. pl.	χάρισι	ἄρχουσι	ὕδασι
Acus. pl.	χάριτας	ἄρχοντας	ὕδατα

Palabras cuya raíz es líquida

Aquellas palabras cuya raíz concluye con **λ, μ, ν, ρ** se conocen como consonantes líquidas. Nótese que en el nominativo y el dativo plural se sincopa la consonante líquida, pero en los demás casos aparece la consonante omitida. Veamos varios ejemplos:

Casos	mes	bestia	orador
Nom. sing.	ὁ μήν	ὁ θήρ	ὁ ῥήτωρ
Gen. sing.	μηνός	θηρός	ῥήτορος
Dat. sing.	μηνί	θηρί	ῥήτορι
Acus. sing.	μῆνα	θῆρα	ῥήτορα
Nom. pl.	μῆνες	θῆρες	ῥήτορες
Gen. pl.	μηνῶν	θηρῶν	ῥητόρων
Dat. pl.	μησί	θηρσί	ῥήτορσι
Acus. pl.	μῆνας	θῆρας	ῥήτορας

Raíz en ι, ψ, υ

Muchas palabras cuya raíz termina en **ι, ψ, υ** se declinan en la tercera declinación. Sólo muestran la raíz en el nominativo y el acusativo. Veamos varios ejemplos:

Casos	ciudad	pez - pescado
Nom. sing.	ἡ πόλις	ὁ ἰχθύς
Gen. sing.	πόλεως	ἰχθύος
Dat. sing.	πόλει	ἰχθύϊ
Acus. sing.	πόλιν	ἰχθύν
Nom. pl.	πόλεις	ἰχθύες
Gen. pl.	πόλεων	ἰχθύων
Dat. pl.	πόλεσι	ἰχθύσι
Acus. pl.	πόλεις	ἰχθῦς

Palabras con raíz en diptongo ευ, αυ, ου

Las palabras cuya raíz termina en los diptongos αυ, ευ y ου se declinan de la siguiente manera:

Casos	barco	rey	vaca o buey
Nom. sing.	ἡ ναῦς	ὁ βασιλεύς	ὁ, ἡ βοῦς
Gen. sing.	νεώς	βασιλέως	βοός
Dat. sing.	νηΐ	βασιλεῖ	βοΐ
Acus. sing.	ναῦν	βασιλέα	βοῦν
Nom. pl.	νῆες	βασιλεῖς	βόες
Gen. pl.	νεῶν	βασιλέων	βοῶν
Dat. pl.	ναυσί	βασιλεῦσι	βουσί
Acus. pl.	ναῦς	βασιλεῖς	βοῦς

Tarea

1. Identifique todas las palabras que están en tercera declinación en la lectura de Juan 1.1-18. Dé una traducción sencilla.
2. Analice todas las palabras que están en primera y segunda declinación en nuestro texto de hoy.
3. Analice todas las frases preposicionales. Indique el caso que las preposiciones rigen (genitivo, acusativo o dativo) y dé una traducción sencilla.
4. Analice todas las conjunciones que aparecen en la lectura de este día. Explique qué tipo de conjunciones ha encontrado y por qué.
5. Traduzca todo el pasaje y prepárese para leer el texto en griego y explicar todos los elementos gramaticales de los versículos que se le asignen en la clase.
6. Con las palabras del vocabulario para memorizar construya las siguientes frases:

    a. madre de la gracia _____
    b. al nombre de la esperanza _____
    c. del padre de la ciudad _____
    d. para el hombre y la mujer _____
    e. en el nombre del padre _____

Lectura y traducción

Juan 1. 14-18

¹⁴Καὶ ὁ λόγος σὰρξ ἐγένετο καὶ ἐσκήνωσεν ἐν ἡμῖν, καὶ ἐθεασάμεθα τὴν δόξαν αὐτοῦ, δόξαν ὡς μονογενοῦς παρὰ πατρός, πλήρης χάριτος καὶ ἀληθείας. ¹⁵Ἰωάννης μαρτυρεῖ περὶ αὐτοῦ καὶ κέκραγεν λέγων· οὗτος ἦν ὃν εἶπον· ὁ ὀπίσω μου ἐρχόμενος ἔμπροσθέν μου γέγονεν, ὅτι πρῶτός μου ἦν. ¹⁶ὅτι ἐκ τοῦ πληρώματος αὐτοῦ ἡμεῖς πάντες ἐλάβομεν καὶ χάριν ἀντὶ χάριτος· ¹⁷ὅτι ὁ νόμος διὰ Μωϋσέως ἐδόθη, ἡ χάρις καὶ ἡ ἀλήθεια διὰ Ἰησοῦ Χριστοῦ ἐγένετο. ¹⁸Θεὸν οὐδεὶς ἑώρακεν πώποτε· μονογενὴς θεὸς ὁ ὢν εἰς τὸν κόλπον τοῦ πατρὸς ἐκεῖνος ἐξηγήσατο.

Glosario

σάρξ, -κός, ἡ: carne, ser humano.
ἐσκήνωσεν, del verbo σκηνόω, pretérito simple (aoristo): poner tabernáculo, habitar, acampar, acuartelarse, residir, reunirse en la tienda de campaña para comer, banquetear.
ἐθεασάμεθα, aoristo del verbo θεάομαι: contemplar, ver.
δόξας, -ης, ἡ: gloria.
ὡς, adverbio para comparar o de modo: según.
μονογενής, μονογενές: unigénito, hijo único.
παρά, preposición con genitivo: junto a, a lo largo de, de la parte de.
πατήρ, -τρός, ὁ: padre.
πλήρης, adjetivo: lleno de.
ἀλήθεια, -ας, ἡ: verdad.
Ἰωάννης, -ου, ὁ, masculino de la primera declinación: Juan.
κράζω: gritar.
λέγω: decir.
εἴρω: decir.
ὀπίσω, preposición impropia más genitivo: después de.
ὁ ἐρχόμενος, participio con artículo: el que viene.
ἔμπροσθεν, adverbio: delante de.
ὅτι, conjunción: porque, que.
ἐκ, preposición seguida de genitivo: procedente de, de.
πλήρωμα, πληρώματος, το: plenitud.
νόμος, -ου, ὁ: Ley, enseñanza.
διά, preposición seguida de genitivo: a través; seguida de acusativo: porque.
Μωϋσῆς, Μωϋσέως, ὁ: Moisés.
δίδωμι: dar.
θεός, -οῦ, ὁ: Dios.
οὐδείς, οὐδεμία, οὐδέν, genitivo, οὐδενός, οὐδεμίας, οὐδενός: ninguno, ninguna.
ὁράω: ver.
πώποτε: nunca.
εἰς, preposición seguida de acusativo: en, hacia.
κόλπος, -ου, ὁ: seno, pecho, entraña, cavidad, interior.
ἐξηγέομαι: explicar, describir.

Vocabulario para memorizar

ἀνήρ, -δρός, ὁ: varon, hombre.
ἐλπίς, -ίδος, ἡ: sustantivo de la tercera declinación: esperanza.
θέλημα, -ατος, τό: voluntad.
χάρις, χάριτος, ἡ: gracia, atractivo, encanto, donaire, deleite.
φῶς, φωτός, τό: luz.
σάρξ, σαρκός, ἡ: carne, naturaleza humana frágil.
γυνή, γυναικός, ἡ: mujer, esposa.
ὄνομα, -ατος, τό: nombre.
μήτηρ, -τρός, ἡ: madre.
πατήρ, -τρός, ὁ: padre.

Lección ι
En el principio era el Verbo: Introducción al verbo y sus accidentes

𝒟edicaremos la próxima lección a las formas principales del paradigma básico de los verbos εἰμί (ser y estar) y λύω (desatar). En ellas aprenderemos los fundamentos de la conjugación verbal. Todo esto lo atenderemos en diálogo con los elementos comunes de la morfología y sintaxis del verbo en nuestro idioma, el español. Comenzaremos con una serie de recomendaciones didácticas que hemos aprendido a través de los últimos veintiún años de encuentro con el salón de clases.

Cuestiones didácticas

El griego coiné es una lengua que aprendemos para leer y traducir. No lo aprendemos para hablarlo. Por lo tanto, en relación con los verbos, lo que hay que aprender es a reconocerlos en los textos. Por esto, la mejor manera de aprender es el proceso de escribir los paradigmas vez tras vez en varias hojas de papel. Recomendamos que esto se vuelva una disciplina. Ésta dará el fruto de poder reconocer la mayor parte de los verbos regulares en todas las lecturas.

Tanto en griego como en español, el verbo sufre unos accidentes en su morfología que indican el tiempo, modo, voz, persona y número. Cada tiempo tiene un modo principal que es el indicativo. El modo indicativo muestra la acción verbal como una realidad objetiva. De ahí que la mayor parte de los verbos principales en los textos aparecen en modo indicativo. Esto implica que inicialmente hay que darle énfasis a la memorización del modo indicativo en todos los tiempos verbales. Una vez se dominen los indicativos, se podrá aprender el resto de los modos poco a poco hasta dominar el paradigma básico que se utilizará para reconocer la mayor parte de los verbos.

En un segundo estadio se deben memorizar las formas del imperativo. Luego sería conveniente relacionarse con los subjuntivos. La forma de estos verbos es casi idéntica al indicativo, de modo que quien conoce el indicativo con mucha facilidad podrá reconocer el subjuntivo. Finalmente, se estudiarán los participios. No se debe dejar de lado el modo optativo. El Nuevo Testamento tiene muy pocas formas del optativo. No obstante, estos serán cubiertos más adelante.

Una vez hayamos terminado esta visión global y particular de los verbos principales, y nos hayamos familiarizado con estos patrones, estaremos en buenas condiciones para poder leer, reconocer y traducir el ochenta por ciento de los verbos en nuestros pasajes. Mi experiencia es que luego de esta fase los estudiantes comienzan a tomar velocidad en el proceso de leer, traducir y comprender. No obstante, ésta parece ser la fase más difícil, porque requiere mucha memorización de los paradigmas principales. La memorización a su vez requiere mucho trabajo de escribir los patrones vez tras vez. Esto es difícil de aprender sólo leyendo en voz alta. La mejor forma de aprender esto es escribiendo el patrón vez tras vez. La repetición de los verbos en las lecturas afirmará lo que se ha aprendido en los paradigmas. Pensamos en esto como cuando se cocina un pastel o bizcocho. Es un trabajo complicado. No hay manera de hacerlo más rápido porque el pastel podría quedar doradito por fuera y crudo por dentro. Con paciencia y diligencia, sin prisa y sin demasiada calma, los verbos se irán esclareciendo cada vez más. No hay que desalentarse. Poco a poco, con mucha práctica escrita, estos patrones se imprimirán en la memoria. Entonces los podremos aplicar a la mayor parte de los verbos que aparezcan en nuestras lecturas para poder agilizar el proceso de lectura y traducción. Si todas las semanas se repasa el material, se escribe varias veces el paradigma del verbo hasta donde hallamos llegado en las lecciones, pronto se podrá identificar los verbos de la mayor parte de los pasajes en griego coiné.

Mi experiencia como estudiante de griego fue que escribía el patrón del verbo varias veces al día hasta que lo podía hacer de memoria sin mirar una hoja. Esto me ha acompañado hasta hoy día. Reconozco que era un gran esfuerzo y que podía resultar tedioso. La experiencia me mostró que pronto comencé a reconocer la mayor parte de las formas verbales en todas las lecturas. No olvidemos el dicho bíblico: "En el principio era el Verbo" (Jn 1.1). Podríamos estirar la interpretación de este pasaje para señalar que leer y traducir tiene como primer lugar el conocimiento detallado del verbo. Si conocemos el verbo, podremos disfrutar de una lectura entusiasta y significativa de los textos.

Primero, le daremos un repaso general al verbo. Luego entraremos en el modo principal del verbo, el indicativo. Como hemos señalado arriba, el modo indicativo es la forma en que se indica la realidad de la acción verbal. Además abordaremos los seis tiempos verbales en el modo indicativo. En el último apéndice de este libro se encuentra la conjugación completa del verbo paradigmático λύω. En las lecciones sobre el verbo este paradigma será medular. Invitamos a cada lector a examinar el paradigma de λύω para tener una idea de cuánto ha cubierto y cuánto le falta para dominar el verbo principal. La premisa es que ver el sistema completo y luego ver sus partes ayuda a tener una idea de la parte en el todo. Además, con esto evitamos la impresión de que el sistema verbal es infinitamente complicado e interminable. Aprenderemos el patrón del paradigma principal por fases en las próximas lecciones.

Introducción general al verbo

Para acercarnos al verbo hay que tener clara una serie de detalles. Un verbo es la palabra que muestra la acción en una oración. Seco señala que el verbo es la palabra por excelencia de la oración porque expresa el juicio mental sobre el sujeto y el predicado. Según

Seco, los verbos "expresan los cambios, los movimientos, las alteraciones, las actividades de las cosas en relación con el mundo que las rodea" (Seco, 60). La función principal de los verbos es indicar la acción en una oración. La importancia del verbo reside en que sin él las otras palabras de la oración no tendrían sentido. El verbo es la palabra principal o núcleo de la oración. La evidencia de esto es que con un verbo se puede construir un pensamiento completo, por ejemplo, cuando digo: **canto**. El verbo **canto,** en este caso, contiene un pensamiento completo. Nótese que el verbo tiene implícito su sujeto. Así **canto** ya incluye el sujeto que lleva a cabo la acción: **yo**.

Los verbos sufren una serie de transformaciones que se conocen como accidentes. Estos accidentes forman la conjugación del verbo. A través de una serie de cambios sobre la raíz del mismo se indica la persona, el número (singular o plural), la época de la acción (el tiempo), el modo (las relaciones del fenómeno verbal con la persona que habla), si el sujeto lleva a cabo la acción, la recibe, o la lleva a cabo sobre sí mismo (voz) y el aspecto (si es una acción que transcurre o es algo ya acabado). La raíz del verbo es aquel elemento invariable y fijo que expresa la idea del verbo. Esto también es conocido como el lexema, o parte de la palabra que no varía. Así los verbos **canto, cantamos, cantaste, cantasen** tienen un lexema **cant** como parte invariable de la palabra. Esta raíz recibe una serie de morfemas (parte de la palabra que varía) que al incorporarse al lexema construyen el tiempo verbal, el modo, la voz, la persona, el número y el aspecto del verbo. Cuando se añade el sistema de morfemas a la raíz verbal se obtiene la conjugación del verbo. Veamos el ejemplo del verbo **cantábamos** para comprender la estructura gramatical de los verbos:

- **Cant**: lexema o raíz del verbo.
- **Canta**: desinencia de vocal temática.
- **Cantaba**: desinencia de tiempo verbal (en este caso el pretérito imperfecto, una acción que no se sabe cuándo concluyó).
- **Cantábamos**: desinencia personal (primera persona plural).

Elementos implícitos en la forma

- **Nosotros cantábamos:** voz activa (el sujeto lleva a cabo la acción).
- **Acción real:** modo indicativo.

El modo del verbo es la forma en que se articula la realidad o irrealidad de la acción verbal. Los modos principales del verbo en español son el indicativo, el subjuntivo y el imperativo. El verbo **canto** se encuentra en el modo indicativo. El indicativo es aquella forma de un verbo que indica su realidad como acción. No es algo potencial o un deseo, sino una realidad: **canto**. Pero si la acción fuera un deseo, como es el modo subjuntivo, diríamos: **cantase**.

De otra parte, los verbos también sufren el accidente de la voz. Cuando la acción la lleva a cabo el sujeto decimos que el verbo está en voz activa. Así cuando decimos "Ella **cantó** la melodía", se dice que la voz verbal es activa. Pero si el sujeto lleva a cabo la acción sobre sí mismo decimos que está en voz media o reflexiva. En este caso, la oración diría: Ella **se peinó**. Nótese que la voz reflexiva se produce con la forma **se** (**me, se, te**) añadida antes o después del verbo (ella **se** peinó; ella **peinose**. Si el sujeto recibe la acción del verbo, decimos que está en voz pasiva. La oración, "La melodía **fue cantada** por ella" es un ejemplo de una oración en voz pasiva. Nótese que en caso de la voz pasiva se añade antes del verbo la forma auxiliar del verbo **ser** (**fue**) o **estar** y el verbo en participio (**cantada**).

El verbo además indica a través de sus flexiones si la acción ha terminado o está abierta. Así, en el español, el morfema –**ba**– indica que la acción es imperfecta, mientras que otras formas indican acciones concluidas (**dormí, estudiaste, anduviste, vivió**). Si se dijera: **cantaba**, no tendríamos manera de indicar cuándo concluyó esa acción. Sabemos que la acción se llevó a cabo en el pasado, pero es una acción imperfecta, porque no se puede inferir cuándo concluyó ese pasado.

Como hemos dicho, el verbo muestra todos estos aspectos a través de sus accidentes. Los accidentes del verbo permiten al receptor de la comunicación saber si es una acción en el presente, si es un modo indicativo, imperativo, subjuntivo o de otra índole. Además, los accidentes pueden indicar la persona y el número.

Así, notamos las distintas personas en los ejemplos: **canto, cantas, canta, cantamos, cantan.**

Verbos transitivos e intransitivos

Los verbos pueden ser transitivos o intransitivos. Un verbo transitivo es aquel cuya acción pasa del sujeto a un complemento directo. En este objeto, la acción del verbo tiene su meta. Así, en la oración "Juan escribe el evangelio", el objeto directo de la acción de escribir es **el evangelio**. Pero algunos verbos son intransitivos, esto es, la acción del verbo no se cumple o realiza en un sustantivo. En la oración, "ella nada" el verbo **nadar** no hace recaer su acción sobre ninguna otra palabra. El verbo intransitivo no puede tener complemento directo.

Un verbo transitivo generalmente tiene como objeto directo una palabra en el caso acusativo, pues esa es la función básica del caso acusativo. Esto tiene sus excepciones en verbos que específicamente toman como objeto directo palabras en otros casos. Los diccionarios del griego indicarán si algún verbo requiere otro caso como complemento directo.

Un verbo intransitivo, por su parte, es aquel que no tiene un complemento directo sobre el cual recae la acción del verbo. Por esta razón, la idea verbal no tiene un caso acusativo u oblicuo sobre la que recae. Un ejemplo es **nadar**.

El verbo español y sus analogías con el verbo griego

En el griego coiné, como en español, los verbos sufren una serie de accidentes o cambios en su morfología. Se indican los accidentes (la persona, el número, el modo, la voz y el tiempo verbal) a través de un sistema de desinencias. Cuando todas estas desinencias se añaden a la raíz del verbo se obtiene la conjugación del verbo.

La forma de los verbos nos ayuda a clasificarlos en conjugaciones. En castellano tenemos tres conjugaciones (**ar, er, ir**, como amar, comer, dormir). De forma similar, el griego tiene tres conjugaciones principales conocidas como los verbos ω, los verbo μι y los verbos contractos (en αω, εω y οω).

Las voces del verbo

En griego, como en el castellano, el verbo se clasifica en tres voces: (1) activa, (2) media o reflexiva y (3) pasiva. Dado que en algunos tiempos verbales griegos la voz media y la pasiva son idénticas, a veces será necesario determinar la voz por el contexto literario.

Voz activa

Cuando el sujeto produce la acción del verbo decimos que el verbo está en **voz activa**. La voz activa refleja la acción más simple del verbo. Un ejemplo sencillo de una oración en voz activa es: "Juan **escribió** una carta". El sujeto **Juan** ejecuta la acción de la oración (**escribió**).

La conjugación del presente indicativo en voz activa se presentará un poco más abajo. Pero se puede ver todo el sistema de la voz activa con todos sus modos en el apéndice tercero del volumen II que da las diversas formas del verbo λύω.

Voz media

Lo más semejante a la voz media del verbo griego es la forma reflexiva del verbo en español. La voz media indica que el sujeto lleva a cabo la acción y también la sufre. En la voz media, el sujeto participa en los resultados de la acción verbal. Si en la voz activa la acción del verbo es sobre otro, en la voz media la acción del verbo es sobre el sujeto mismo. En español conocemos esto como la forma reflexiva del verbo. Varios ejemplos con distintas personas de un verbo en voz media en español son: **yo me afeito, tú te afeitas** y **él se afeita**.

En estas oraciones la acción del sujeto recae sobre sí mismo. Nótese que los pronombres **me, te** y **se** acompañan al verbo para indicar que su acción es sobre el sujeto mismo.

Como se puede notar en el apéndice sobre el verbo **λύω**, el verbo griego tiene voz media en algunos tiempos, pero no en todos. En tales casos el contexto literario nos da algunas pistas para poder discernir si la acción del verbo se encuentra en voz media o en voz pasiva.

Voz pasiva

La voz pasiva indica que el sujeto recibe la acción del verbo. Un ejemplo de una oración en voz pasiva es: "La melodía **fue escuchada** por la multitud." He ennegrecido la forma pasiva del verbo en español. Nótese que los verbos en español usan el verbo auxiliar **ser** más el **participio** para construir la forma pasiva.

El verbo griego tiene formas en voz pasiva específicamente en el futuro y el aoristo. Los demás tiempos no tienen una forma particular para el pasivo. Esto no debe entenderse como si no hubiera pasivos en tales tiempos. Como veremos, lo que sucede es que la forma en voz media se usa también para la voz pasiva. El contexto literario ayudará a cada lector a determinar si el verbo en el pasaje específico está en voz media o en voz pasiva.

Si un verbo está en tiempo futuro o en aoristo habrá un sistema específico para la voz pasiva que, como veremos, nos permite percibir que se trata de la voz pasiva. El pasivo en el futuro y el aoristo se señala por la **θη** luego de la raíz del verbo. A la **θη** siguen los demás morfemas que señalan la persona, el número y el modo.

Tiempos verbales en griego

En español al igual que en griego los tiempos verbales se señalan a través de prefijos y sufijos (morfemas antes y después de la raíz) que ayudan a reconocer el tiempo verbal, el tiempo y la persona.

Para que tengamos una idea, veamos cómo esto funciona en español. El verbo **amar** tiene que como raíz el morfema **am**. Para indicar la persona, el tiempo verbal y el modo, se le añaden al morfema básico una serie de desinencias o sufijos. Así, el verbo **amo** es presente indicativo, voz activa, primera persona singular. La **o** añadida al morfema básico indica que la acción la lleva a cabo la primera persona singular, esto es, **yo**. Las distintas personas se indican por pequeños cambios en los sufijos al final de la raíz del verbo. Así, la segunda persona y la tercera persona singular se indican por las desinencias **as** y **a**, esto es, tú am**as**, él, ella, ello am**a**.

Con el griego coiné sucede algo similar. Las personas en presente indicativo en la forma activa en singular se forman con las desinencias ω, εις, ει. Las desinencias para el plural son ομεν, ετε, ουσι La conjugación del presente activo indicativo en el verbo básico es:

	Singular		Plural	
1 ps.	desat**o**	λύ**ω**	desat**amos**	λύ**ομεν**
2 ps.	desat**as**	λύ**εις**	desat**an**	λύ**ετε**
3 ps.	desat**a**	λύ**ει**	desat**an**	λύ**ουσι**

Nótese que he ennegrecido la desinencia en griego y español para que se pueda notar cómo se forma el sistema de conjugaciones. Es interesante lo cercanas que son las desinencias griegas a las de nuestro idioma. Fonológicamente, la primera persona singular es idéntica. La segunda y tercera persona singular son muy parecidas. La primera persona plural, que en español se reconoce por la **m**, en griego se reconoce por la μ. Los tiempos verbales del griego son los siguientes:

Presente de indicativo

El tiempo presente indica que la acción del verbo se está llevando a cabo en este mismo momento. En este caso, la acción del verbo está en progreso o la condición existe. En griego, el diccionario nos da la primera persona singular del modo indicativo.

Para el paradigma básico que hemos de aprender en este curso, la forma básica del presente activo indicativo es **λύω**. En español traduciríamos este verbo como: **yo desato** o **yo estoy desatando**. El paradigma de la voz activa en el presente de indicativo es:

	Singular		Plural	
1 ps.	λύω	desato	λύομεν	desatamos
2 ps.	λύεις	desatas	λύετε	desatan (o desatáis)
3 ps.	λύει	desata	λύουσι	desatan

El paradigma de la voz media-pasiva es:

	Singular		Plural	
1 ps.	λύομαι	yo me desato yo soy desatado	λυόμεθα	nosotos nos desatamos nosotros somos desatados
2 ps.	λύει	tú te desatas tú eres desatado	λύεσθε	ustedes se desatan ustedes son desatados/as
3 ps.	λύεται	él, ella, ello se desata él, ella, ello es desatado/a	λύονται	ellos, ellas, se desatan ellos, ellas son desatados/as

Nótese que en la columna del equivalente en español primero he puesto la voz media y luego la voz pasiva. Si la forma es voz pasiva o media lo determinará el contexto literario e ideológico. Decimos ideológico, porque la Biblia en griego tiende ha hablar de Dios en voz pasiva como una forma de hablar de una acción de Dios. Esto se conoce como el pasivo divino. En la Biblia hay cientos de pasivos divinos. Un ejemplo de esto lo encontramos en Mateo 7.1 donde dice: "No juzguéis, para que no **seáis juzgados**..." El pasivo **no seáis juzgados** se refiere a Dios de forma indirecta a través del uso del pasivo. Si lo fuéramos a parafrasear en el sentido ideológico del texto diríamos "no juzguen para que no sean juzgados por Dios." En cuanto a los demás modos del presente y de los demás tiempos verbales, más adelante nos detendremos en cada uno de ellos. Ahora damos énfasis al modo indicativo, que gobierna la cláusula principal de las oraciones.

Futuro

El tiempo verbal futuro indica que la acción verbal está por venir, o que aún no ha llegado. El futuro se señala mediante un accidente en el sufijo del verbo. Esto es similar al español. En nuestro idioma, la diferencia entre el presente y el futuro es la **r** antes de la desinencia personal. Así, el verbo **ama** en futuro se construye con "amará". En griego se hace lo mismo con la **σ** luego de la raíz. La primera persona del futuro de indicativo del paradigma primordial es **λύσω**, que podemos traducir como **desataré**. El resto de la conjugación del futuro de indicativo activo sería idéntico al presente pero con la **σ** añadida luego de la raíz:

	Singular		Plural	
	Presente	Futuro	Presente	Futuro
1 ps.	λύω	λύσω	λύομεν	λύσομεν
2 ps.	λύεις	λύσεις	λύετε	λύσετε
3 ps.	λύει	λύσει	λύουσι	λύσουσι

La voz media del futuro en el modo indicativo es la siguiente:

	Singular		Plural	
1 ps.	λύσομαι	yo me desataré	λυσόμεθα	nosotros nos desataremos
2 ps.	λύσει	tú te desatarás	λύσεσθε	ustedes se desatarán
3 ps.	λύσεται	él, ella, ello se desatará	λύσονται	ellos, ellas se desatarán

Nótese que he ennegrecido la desinencia temporal del futuro (**σ**) que revela este tiempo verbal.

Primer aoristo

La palabra griega **aóristos** significa literalmente indefinido, ilimitado, de la partícula **a** -no- y **horistos** -definible-, esto es, no limitado, indefinido, sin límite. De acuerdo a Gomes de Silva, el aoristo "es un tiempo verbal que denota el acaecer de una acción sin indicar lo completo de ella, o su continuación o repetición" (Gomes de Silva, 73). La idea es que ésta es una acción completa en un punto en el pasado. El tiempo aoristo en el modo indicativo muestra que la acción se llevó a cabo en el pasado y que es una acción que ya ha terminado. En griego hay otros tipos de aoristo conocidos como segundo aoristo, aoristo líquido y aoristo kapa. Todos son el equivalente de un pretérito indefinido en español (ejemplo: **desaté**). El primer aoristo es el más común en los textos bíblicos. En términos morfológicos, el primer aoristo recibe dos accidentes que pueden ayudar a notar que se trata de un aoristo:

(1) el verbo recibe un prefijo (un aumento ε + raíz),
(2) el sufijo se construye con la forma σα.

En el caso de nuestro paradigma principal, **λύω**, la forma griega sería ἔλυσα. El primer aoristo funciona como un pretérito indefinido, que en el caso de nuestro idioma sería **yo desaté**. En la voz activa, el aoristo de indicativo es:

	Singular		*Plural*	
1 ps.	ἔλυσα	desaté	ἐλύσαμεν	desatamos
2 ps.	ἔλυσας	desataste	ἐλύσατε	desataron
3 ps.	ἔλυσε	desató	ἔλυσαν	desataron

La voz media del primer aoristo es la siguiente:

	Singular		*Plural*	
1 ps.	ἐλυσάμην	yo me desaté	ἐλυσάμεθα	nos desatamos
2 ps.	ἐλύσω	tú te desataste	ἐλύσασθε	ustedes se desataron
3 ps.	ἐλύσατο	él, ella y ello se desató	ἐλύσαντο	ellas, ellos se desataron

El pretérito perfecto

El pretérito perfecto denota una acción completada cuyos efectos todavía continúan. La palabra *perfectus* en latín significa algo acabado o completo. En el griego, este tiempo denota una situación presente que es el resultado de una acción pasada. El equivalente en español es el pretérito perfecto, como en el caso de **he aprendido**.

Los signos de este tiempo son los siguientes:
(1) la raíz recibe una reduplicación de sí misma con ϵ,
(2) recibe un sufijo con κ más el indicador de la persona del verbo en α/ϵ.

Un ejemplo de esta forma para el paradigma del verbo λύω es λε-λυ-κα. El equivalente en español sería: Yo he desatado. La forma del perfecto de indicativo activo es la siguiente.

	Singular		*Plural*	
1 ps.	λέλυκα	yo he desatado	λελύκαμεν	hemos desatado
2 ps.	λέλυκας	tu has desatado	λελύκατε	han desatado
3 ps.	λέλυκε	él, ella, ello ha desatado	λελύκασι	han desatado

Pretérito perfecto en voz media/pasiva

El equivalente de la voz media en español sería, **Yo me he desatado**, etc. En la voz pasiva, sería: **Yo he sido desatado**.

Como en griego, la forma del pretérito perfecto medio y la del pasivo son idénticas y sólo el contexto literario nos permitirá inferir qué tipo de acción es esta. El pretérito perfecto en voz media y pasiva se marca morfológicamente con sufijos personales. Los signos de este tiempo en este tipo de verbos son los siguientes: (1) el verbo mantiene la reduplicación del sistema perfecto, y (2) recibe los siguientes sufijos personales:

	Singular		*Plural*	
1 ps.	λέλυμαι	me he desatado	λελύμεθα	nos hemos desatado
		he sido desatado		hemos sido desatados
2 ps.	λέλυσαι	te has desatado	λέλυσθε	ustedes se han desatado
		has sido desatado		han sido desatados
3 ps.	λέλυται	se ha desatado	λέλυνται	ellos se han desatado
		ha sido desatado		han sido desatados

Nótese que todas las formas tienen una reduplicación, en este caso en λε, porque la raíz es λυ. Las formas de la primera, segunda y tercera persona singular (μαι, σαι, ται). Las formas en las personas plurales son (μεθα, σθε y νται). Una tercera observación es el acento en la primera persona plural. Como los acentos de los verbos son recesivos, el acento ha ido hasta la antepenúltima sílaba, porque la última tiene vocal corta.

Primer sistema pasivo

El primer sistema pasivo gobierna dos tiempos verbales en voz pasiva: el futuro y el aoristo. La señal de este sistema es la forma θη entre la raíz y los sufijos personales y temporales. Ejemplos de este tipo de verbo son los siguientes:

λυ-θή-σο-μαι en el futuro pasivo, (seré desatado) y,

ἐ-λύ-θη-ν en el aoristo pasivo (fui desatado).

Los indicativos del futuro pasivo y del aoristo pasivo son las siguientes formas:

	Primer sistema pasivo (futuro)		**Primer sistema pasivo** (aoristo)	
	Indicativo		Indicativo	
	Singular	Plural	Singular	Plural
1 ps.	λυ**θή**σομαι	λυ**θη**σόμεθα	ἐλύ**θη**ν	ἐλύ**θη**μεν
2 ps.	λυ**θή**σει	λυ**θή**σεσθε	ἐλύ**θη**ς	ἐλύ**θη**τε
3 ps.	λυ**θή**σεται	λυ**θή**σονται	ἐλύ**θη**	ἐλύ**θη**σαν
	yo seré desatado	nosotros seremos desatados	yo fui desatado	nosotros fuimos desatados
	tú serás desatado	ustedes serán desatados	tú fuiste desatado	ustedes fueron desatados
	él, ella, (ello) serán desatados	ellos, ellas serán desatadas	él, ella, (ello) fue desatado	ellos, ellas fueron desatados

La señal del sistema pasivo (θη) está en negrilla. Siempre que se vea esta señal luego de la raíz de un verbo se debe intuir que está en voz pasiva.

Las formas del imperfecto y el pluscuamperfecto se discutirán en una de las próximas lecciones como parte de lo que se conoce como los sistemas secundarios, ambos relacionados con el pasado. Allí podremos aprender la morfología del imperfecto y del pluscuamperfecto en griego y su equivalente dinámico en español.

Tarea

1. En la lectura de hoy identifique todos los verbos que pertenecen a uno de los seis tiempos verbales en el modo indicativo.
2. Dé una traducción simple para cada uno de estos verbos.
3. Con la ayuda del glosario continúe la traducción de todos los versículos incluyendo el análisis gramatical de los sustantivos, adjetivos, pronombres, artículos y frases preposicionales.
4. En algunos versículos en que encuentre dificultad extraordinaria y le parezca meritorio, páselos a una gráfica. Estas gráficas deben contestar cuál es el sujeto y cuáles sus modificadores,

cuáles son los verbos principales, y cuáles son los complementos del verbo principal. Luego de esto estará en condiciones de poder dar una traducción simple del versículo.

5. Con el vocabulario para memorizar de esta lección y de las lecciones previas traduzca al griego las siguientes oraciones:

    a. El varón escucha a la mujer. _____
    b. Jesús dirige al discípulo. _____
    c. Yo conozco la verdad. _____
    d. Tú alumbras la tierra. _____
    e. Nosotros decimos. _____

Lectura y traducción

Juan 1.19-23

¹⁹Καὶ αὕτη ἐστὶν ἡ μαρτυρία τοῦ Ἰωάννου, ὅτε ἀπέστειλαν [πρὸς αὐτὸν] οἱ Ἰουδαῖοι ἐξ Ἱεροσολύμων ἱερεῖς καὶ Λευίτας ἵνα ἐρωτήσωσιν αὐτόν· σὺ τίς εἶ; ²⁰καὶ ὡμολόγησεν καὶ οὐκ ἠρνήσατο, καὶ ὡμολόγησεν ὅτι ἐγὼ οὐκ εἰμὶ ὁ χριστός. ²¹καὶ ἠρώτησαν αὐτόν· τί οὖν; σὺ Ἠλίας εἶ; καὶ λέγει· οὐκ εἰμί. ὁ προφήτης εἶ σύ; καὶ ἀπεκρίθη· οὔ. ²²εἶπαν οὖν αὐτῷ· τίς εἶ; ἵνα ἀπόκρισιν δῶμεν τοῖς πέμψασιν ἡμᾶς· τί λέγεις περὶ σεαυτοῦ; ²³ἔφη·

ἐγὼ **φωνὴ βοῶντος ἐν τῇ ἐρήμῳ·**
εὐθύνατε τὴν ὁδὸν κυρίου,
καθὼς εἶπεν Ἠσαΐας ὁ προφήτης.

Glosario

ὅτε: cuando.
ἀποστέλλω: enviar.
Ἰουδαῖος, -α, -ον: judíos.
Ἱεροσόλυμα: Jerusalén.
ἱερεύς, -έως, ὁ: sacerdote.
λευίτης, -ου, ὁ: Levita.
ἐρωτήσωσιν, aoristo, subjuntivo del verbo ἐρωτάω: preguntar.
σύ: tú.
τίς: quién.
ὡμολογεώ, ὡμολογήσω, ὡμολόγησα, ὡμολόγηκα, ὡμολόγημαι, ὡμολογήθην: confesar.

ἀρνέομαι, ἀρνήσομαι, ἠρνησάμην, ἤρνημαι, ἠρνήθην: negar.
χριστός, -οῦ, ὁ: Cristo, Mesías.
Ἠλίας, -ου, ὁ, masculino de la primera declinación: Elías.
προφήτης, -ου, ὁ, masculino de la primera declinación: profeta.
ἀποκρίνω, ἀποκρινῶ, ἀπέκρινα, κέκρικα, κέκριμαι, ἐκρίθην: juzgar.
οὖν, conjunción postpositiva: por lo tanto.
ἀπόκρισις, -εως, ἡ: respuesta.
πέμπω, πέμψω, ἔπεμψα, πέπομφα, πέπεμμαι, ἐπέμφθην: enviar.
σεαυτοῦ, σεαυτῆς: de ti.
φημί, φήσω, ἔφησα: decir.
φωνή, -ῆς, ἡ: voz.
βοάω, βοήσω, ἐβόησα, βεβόηκα, βεβόημαι, ἐβώσθην: gritar.
ἐρῆμως, -ου, ἡ: desierto.
εὐθύνω, ηὔθυνα: enderezar.
ὁδός, -οῦ, ἡ, femenino, segunda declinación: camino.
κύριος, -ου, ὁ: el Señor.
καθώς, conjunción: según, conforme, como.
Ἠσαΐας, -ου, ὁ, masculino de la primera declinación: Isaías.

Vocabulario para memorizar[1]

ἄγω, ἄξω, ἤγαγον, ἤχθην: dirigir, conducir, llevar, empujar.
γιγνώσκω, γνώσομαι, ἔγνων, ἔγνωκα, ἔγωσμαι, ἐγνώσθην: conocer.
λέγω, ἐρῶ, εἶπον, εἴρηκα, εἴρημαι, ἐρρέθην: decir.
ἀκούω, ἀκούσω, ἤκουσα, ἀκήκοα, ἠκούσθην: escuchar.
μέλλω, μελλήσω, ἐμέλλησα: estar a punto de.
ὀφείλω, ὀφειλήσω, ὠφείλησα, ὠφείληκα, ὀφειλήθεις: deber.
σῴζω, σώσω, ἔσωσα, σέσωκα, σέσῳμαι, ἐσώθην: salvar, rescatar, liberar, sanar, preservar.
συνάγω, συνάξω, συνήγαγον, συνῆγμαι, συνήχθην: congregar, juntar, invitar.
σπείρω, ἔσπειρα, ἔσπαρμαι, ἐσπάρην: sembrar.
φωτίζω, φωτίσω, ἐφώτισα, πεφώτισμαι, ἐφωτίσθην: iluminar.

---

[1] De esta lección en adelante, siempre que sea posible, daremos en el *Glosario* y en el *Vocabulario para memorizar* las formas que representan los seis tiempos verbales principales en griego.

LECCIÓN κ
Accidentes en los verbos: los modos

$\mathcal{E}$l modo es la manera en que se concibe un acontecimiento o un hecho y su relación con la realidad. Los modos indican si el proceso verbal es una actualidad o una potencialidad. Las distinciones entre los distintos modos verbales distinguen entre un hecho, una posibilidad, un deseo y una petición. El español tiene tres modos principales: indicativo, subjuntivo e imperativo. En griego hay cuatro modos principales (indicativo, subjuntivo, optativo, imperativo). Como en español, la conjugación del verbo griego también contiene dos modos secundarios, infinitivo y el participio (**amar y amado**). Los modos se indican en la forma del verbo por un sistema de desinencias que permite identificarles. Ya hemos visto todos los indicativos del paradigma de λύω en sus seis tiempos verbales principales. En las próximas páginas repasaremos los modos del sistema verbal del griego con atención especial a los parecidos con los modos en el español.

Modo indicativo

Como vimos en la última lección, el modo indicativo hace un señalamiento simple y directo de un hecho real, positiva o negativamente. La acción verbal se representa como una acción objetiva.

Así, decimos en nuestro idioma: **Pablo vendrá**. Este es un enunciado que en términos verbales contempla un hecho objetivo en la comunicación. Esta acción verbal no depende de un deseo.

Modo subjuntivo

El término subjuntivo proviene del latín *subjuntivus*, que significa literalmente subordinado, indicando que es un modo verbal propio de las cláusulas subordinadas. El modo subjuntivo expresa una acción como algo posible, deseable, potencial o ficticio. Si el indicativo mostraba la realidad y la objetividad, el subjuntivo muestra la irrealidad de la acción y su subjetividad. La subjetividad de este tipo de acción consiste en una expresión de un deseo. En español, el modo subjuntivo aparece como algo potencial. Así decimos: **Deseo que Pablo venga**. Decimos que el modo es subjuntivo porque el hecho expresado en la cláusula no es algo real, sino que queda como parte del campo pensado. Según Seco, con el modo subjuntivo "ni se afirma ni se niega el hecho: tan solo se le toma como algo que está en el aire" (Seco, 67).

En griego, el subjuntivo indica: (1) un deseo o pedido, (2) una prohibición, (3) una deliberación. De ahí que el modo subjuntivo sea natural a las oraciones condicionales. Raras veces el verbo principal está en este modo. Un ejemplo de una frase con un verbo en subjuntivo la encontramos en Juan 1.7: ἵνα **μαρτυρήσῃ** περὶ τοῦ φωτός, ἵνα πάντες **πιστεύσωσιν** δι' αὐτοῦ. Las palabras ennegrecidas son verbos en el tiempo aoristo, en voz activa, y en modo subjuntivo. La traducción sencilla de este pasaje sería: "para **dar testimonio**, para **que** todos **creyeran** por medio de él". Un detalle a notar es que la vocal temática ha sido alargada a η y a ω.

El subjuntivo tiene una forma similar al indicativo, pero la vocal temática es alargada (ε se convierte en η, o se convierte en ω). En griego, el único tiempo verbal que no contiene el modo subjuntivo es el futuro. Más adelante se discutirá la conjugación completa de cada tiempo verbal incluyendo los modos subjuntivos. Baste señalar un ejemplo del subjuntivo en griego y español, el del presente activo:

¡Qué yo desate!

λύ-ω	que yo desate	λύ-ωμεν	que nosotros desatemos
λύ-ῃς	que tú desates	λύ-ητε	que ustedes desaten
λύ-ῃ	que él/ella/ello desate	λύ-ωσι	que ellos/as desaten

Optativo

En latín *optare* significa literalmente optar, escoger, desear. El español no tiene un equivalente literal para este modo. Lo más parecido es el futuro potencial simple o condicional como en el caso de: **publicaría**. Tanto en griego como en español el condicional se utiliza en oraciones condicionales. La acción condicional es hipotética y por lo tanto dudosa. El modo optativo expresa un deseo referido al futuro o se utiliza en oraciones condicionales. Si la oración tiene un *ἄν* previo a la forma del optativo se conoce como un **optativo potencial** y plantea una posibilidad futura (eventualidad). Lucas tiene una gran cantidad de optativos potenciales. Encontramos un ejemplo en Lucas 9.46: τὸ τίς ἂν εἴη μείζων αὐτῶν. La traducción en equivalencia literal es: "sobre quién **sería** superior de ellos". En buen español traduciríamos: "quien de ellos **sería** más grande". He ennegrecido en ambas traducciones el optativo. El optativo sin *ἄν* expresa un deseo realizable o irrealizable. Un ejemplo de esto lo encontramos en 1 Pedro 3.14: ἀλλ' εἰ καὶ **πάσχοιτε** διὰ δικαιοσύνην. La palabra ennegrecida está en el modo optativo sin la partícula *ἄν*. La traducción literal es: "pero si incluso **padecieses** debido a la justicia".

El modo optativo esencialmente ocurre en oraciones condicionales y donde se expresa un deseo o posibilidad. Aunque en el griego ático el optativo era muy usado, en el Nuevo Testamento, al igual que en el griego coiné, el uso del optativo es muy escaso. En el Nuevo Testamento hay un total de 68 verbos en el modo optativo. Cuando un optativo viene acompañado del adverbio de negación μή, expresa un deseo negativo, esto es, **ojalá que no suceda** x. San Pablo es reconocido por su expresión de un deseo en forma negativa con un optativo antecedido por el adverbio de negación **μή** en la frase: μὴ **γένοιτο** (Ro 3.4, 6, 31; 6.2, 15; 7.7, 13; 9.14; 11.1, 11). La palabra ennegrecida está en optativo y expresa un deseo muy fuerte que se puede traducir como "que nunca suceda", "¡de ninguna manera!" o "que jamás suceda".

En esta lección sólo enseñaremos el presente activo del modo optativo:

Yo desataría.

λύ-οιμι	yo desataría	λύ-οιμεν	nosotros desataríamos
λύ-οις	tú desatarías	λύ-οιτε	ustedes desatarían
λύ- οι	él/ella, ello desataría	λύ-οιεν	ellos/ellas desatarían

Imperativo

El nombre viene del latín *imperare*, que significa literalmente dominar, gobernar, mandar. El modo imperativo se utiliza en mandatos, súplicas, órdenes y prohibiciones. Expresa la voluntad del hablante. Se refiere a una acción que en el presente no es actual ni real, sino sólo en el futuro y de manera potencial. A través del imperativo se intenta modificar la conducta del interlocultor. El modo imperativo sólo tiene formas en la segunda y tercera persona (singular y plural). En español, el imperativo siempre presenta formas cuyas terminaciones son **canta, come, vive** o la mera raíz verbal, **ten, pon, sal** en singular. En plural, el imperativo se forma con **-ad, -ed, -id** (**cantad, comed, vivid**).

En griego sólo hay imperativos en los tiempos presente, aoristo y perfecto; y sólo en segunda y tercera persona, porque no es posible usar un imperativo en primera persona (mandarse a uno mismo). Encontramos ejemplos de imperativos en algunos de los mandamientos del Sermón del Llano en Lucas, donde dice: Καὶ μὴ κρίνετε, καὶ οὐ μὴ κριθῆτε· καὶ μὴ **καταδικάζετε,** καὶ οὐ μὴ καταδικασθῆτε. **ἀπολύετε,** καὶ ἀπολυθήσεσθε (Lc 6. 37). Todos los verbos en el modo imperativo figuran en negrillas. Son varias órdenes o normas de conducta que Lucas pone dentro del discurso del llano. La traducción de estos imperativos es: "y no **juzguen** y seguramente no serán juzgados por Dios (en pasivo divino). Y no **condenéis** y seguramente no seréis condenados por Dios. **Perdonen** y serán perdonados por Dios". La traducción que he dado es una de equivalencia dinámica.

En el próximo volumen presentaremos la conjugación de cada tiempo verbal del paradigma básico, **λύω**. Allí se mostrarán las formas del imperativo en el paradigma completo. Para esta introducción sólo presentaremos el imperativo activo del presente:

λῦ-ε	¡desata tú!	λύ- ετε	¡desaten ustedes!
λυέ-τω	¡desate él/ella/ello!	λυ-όντων	¡desaten ellos/ellas!

Infinitivo

El concepto latino *infinitus* significa literalmente ilimitado, indeterminado. Se conoce como el infinitivo porque no define persona, número, género ni tiempo. Por esta razón el infinitivo es un modo secundario. El infinitivo describe el significado de la acción o la condición de manera abstracta. El infinitivo puede tener un artículo. Con un artículo funciona como un sustantivo. Esto se conoce como un infinitivo articular.

En español, el infinitivo contiene un sufijo con las formas **-ar, -er, -ir** como **cantar, comer, vivir.** La frase **el comer** es un verbo en modo infinitivo, pero al ser definido por un artículo se ha convertido en un sustantivo. Puede ser epexegético, esto es, explica o suple la acción del verbo principal. Por ejemplo, la oración, "él vio **correr** los niños", tiene el verbo **correr** en infinitivo y complementa la acción del verbo principal **vio**. En esta función verbal, el infinitivo se comporta como un verbo suplementario que añade a la acción del verbo principal.

En Mateo 1.20 tenemos un ejemplo de un verbo en infinitivo que suplementa otro verbo principal en subjuntivo: μὴ φοβηθῇς **παραλαβεῖν** Μαρίαν τὴν γυναῖκα σου· La palabra ennegrecida está en infinitivo (presente, voz activa). En esta oración el verbo en infinitivo se podría traducir dentro de la oración como: No temas **tomar** a María tu esposa. Notemos que el verbo en infinitivo está suplementando la cláusula con un verbo en subjuntivo (**φοβηθῇς** más **μή** –"no") al principio de la oración citada. En las lecciones sobre el paradigma principal de este libro (**λύω**) mostraremos todas las formas del infinitivo en los seis tiempos verbales principales. La forma del infinitivo en presente activo es la siguiente:

| λύειν | desatar |

Participio

El término participio proviene del latín *participium* porque esta forma verbal participa de características del verbo y del adjetivo. El participio es un tipo de adjetivo verbal. Por esto es que se dice que es un participio, porque participa de una doble naturaleza. Por un lado, tiene un nivel de significado en el que se involucran tipos de acción; pero, por otro lado actúa como un sustantivo. Como adjetivo, se declina como los adjetivos, sustantivos y artículos. Como verbo, puede auxiliar a un verbo principal o indicar otra función verbal. Esto lo veremos más adelante donde declinaremos todos los participios del verbo **λύω**. El participio no indica un espacio en el tiempo, sino sólo en referencia al verbo principal de la oración. En español se traduce con la forma **-ado, -ido, -to, -so, -cho** (por ejemplo: **amado, comido, abierto, impreso** y **dicho**).

En griego, debido a su naturaleza adjetival, el participio recibe una declinación con los sufijos de los sistemas de declinación. En voz activa se declina conforme al patrón de la tercera declinación; y en voz media, conforme al patrón de la primera y segunda declinación. En la lectura de Mateo 1 hemos encontrado formas del participio, por ejemplo, en 1.18: **μνηστευθείσης** τῆς μητρὸς αὐτοῦ Μαρίας τῷ Ἰωσήφ. La palabra ennegrecida es un participio que ha tomado el caso genitivo en la voz pasiva del aoristo. Este tipo de participio en el caso genitivo y con las demás palabras alrededor también en genitivo se conoce como el genitivo absoluto. Se dice que es absoluto porque la frase está separada sintácticamente del resto de la oración. En este caso, la traducción sería, "cuando María, la madre suya, **estaba comprometida** con José". Un detalle adicional es que el participio griego no tiene un equivalente literal en español. Por ello es posible que haya una gama de posibilidades para traducir los participios griegos, especialmente cuando están suplementando la acción de otro verbo principal. Esto podría incluir el que se traduzca el participio como un participio español, como un gerundio o como una frase circunstancial, como es el caso de los participios circunstanciales que veremos más adelante. En la lección sobre los participios proveeremos más información sobre otros detalles del participio y su potencial para la traducción.

Todos los tiempos verbales del griego tienen un sistema de participios. En esta sección sólo trataremos la forma del presente activo. La forma básica del participio en el presente activo del paradigma λύω es la siguiente:

Masculino	Femenino	Neutro
λύων	λύουσα	λῦον
desatado		

Nótese que el participio nos da tres formas. Debemos anticipar que estas tres formas participan de la cualidad adjetival. Por lo tanto, el masculino y el neutro tienen la desinencia de la tercera declinación. El femenino tiene la desinencia de la primera declinación. El participio se declinará como un adjetivo siguiendo los patrones de esas declinaciones.

En el próximo volumen presentaremos el paradigma del verbo principal λύω. Usamos el verbo λύω porque la raíz de este verbo, λυ, es muy breve y nos puede ayudar a poner el foco en los accidentes verbales que señalan el tiempo verbal, la persona, el modo y la voz. Este será el patrón básico para acercarnos a la mayoría de los verbos, que reproducirán este paradigma con regularidad. En el apéndice tercero de ese libro se encontrará el patrón λύω conjugado en todas sus formas.

Mi experiencia es que para reconocer la mayoría de las formas verbales en una traducción es útil tener este patrón en la memoria. Recomiendo que se escriba cada tiempo verbal tantas veces como sea necesario hasta que se puedan reconocer sin tener que mirar el paradigma. La memorización de este paradigma es imprescindible. El aprendizaje del patrón de conjugación debe ser cumulativo. Una vez se domina el presente, uno se mueve al futuro, pero repasando el presente y aprendiendo el futuro. Esto se repite en el aoristo y en el perfecto, repasando todos los sistemas previos hasta que lleguemos al primer sistema pasivo. Así, se memorizará el paradigma para toda la vida y se podrá reconocer casi cualquier verbo en términos de morfología. Una vez dominemos este patrón, podremos reconocer el ochenta (80) por ciento de los verbos en los textos bíblicos.

El griego tiene tres sistemas verbales o conjugaciones: verbos ω, verbos contractos y verbos μι. El sistema de los verbos contractos es muy parecido al que aprenderemos con el modelo de λύω. Lo enseñaremos luego del verbo λύω. Si se aprende este sistema, será muy fácil reconocer los verbos contractos en sus distintas formas. Sólo nos quedará un sistema adicional, los verbos μι, pero estos son una minoría que se podrá identificar con ayudas electrónicas o paradigmas escritos. Mi experiencia indica que se trabajará con más rapidez y eficiencia si se memoriza la conjugación. Claro, que este aprendizaje dará trabajo. No obstante, lo que da trabajo se aprecia y perdura.

En la próxima lección trataremos el verbo **ser** o **estar**, por ser muy común. Luego comenzaremos el acercamiento al paradigma principal: λύω. A este le dedicaremos mucho espacio y atención.

Tarea

1. En la lectura de Juan, identifique todos los verbos en los modos indicativo, subjuntivo, imperativo, infinitivo y participio en voz activa. Dé una traducción sencilla para estos versos.
2. Identifique todas las demás palabras y sus funciones en la oración y dé una traducción sencilla para el pasaje.
3. Comience a memorizar todas las formas del indicativo del verbo λύω.

Accidentes en los verbos

4. Traduzca las siguientes frases basadas en el vocabulario para memorizar de esta lección y de las lecciones previas:

Yo escribo al hombre. _____
Ustedes encontraron a Jesús. _____
Nosotros comimos con Juan. _____
Ellos vieron al hermano. _____
Jesús envió al Espíritu. _____

Lectura y traducción

Juan 1.24-28

²⁴Καὶ ἀπεσταλμένοι ἦσαν ἐκ τῶν Φαρισαίων. ²⁵καὶ ἠρώτησαν αὐτὸν καὶ εἶπαν αὐτῷ· τί οὖν βαπτίζεις εἰ σὺ οὐκ εἶ ὁ χριστὸς οὐδὲ Ἡλίας οὐδὲ ὁ προφήτης; ²⁶ἀπεκρίθη αὐτοῖς ὁ Ἰωάννης λέγων· ἐγὼ βαπτίζω ἐν ὕδατι· μέσος ὑμῶν ἕστηκεν ὃν ὑμεῖς οὐκ οἴδατε, ²⁷ὁ ὀπίσω μου ἐρχόμενος, οὗ οὐκ εἰμὶ [ἐγὼ] ἄξιος ἵνα λύσω αὐτοῦ τὸν ἱμάντα τοῦ ὑποδήματος. ²⁸ταῦτα ἐν Βηθανίᾳ ἐγένετο πέραν τοῦ Ἰορδάνου, ὅπου ἦν ὁ Ἰωάννης βαπτίζων.

Glosario

ἀπεσταλμένοι, participio perfecto medio/pasivo del verbo ἀποστέλλω: enviar. Con ἦσαν forma el pluscuamperfecto, que se traduce: ellos habían sido enviados.
φαρισαῖως, -ου, ὁ: fariseo.
ἠρώτησαν, aoristo, 3ps, pl. de ἐρωτάω: preguntaron.
βαπτίζω, βαπτίσω, ἐβάπτισα, βεβάπτισμαι, ἐβαπτίσθην: bautizar.
ὕδωρ, ὕδατος, τό: agua.
μέσος, -η, -ον, adjetivo seguido de genitivo: en medio de.
ἵστημι, στήσω, ἕστησα, ἕστηκα, ἕσταμαι, ἐστάθην: está, está de pie.
εἴδω, εἴσομαι, εἶδον, οἶδα: ver, conocer.
ἄξιος, -α, -ον: digno.
ἱμάς, ἱμάντος, ὁ: cordones.
ὑποδήμα, -τος, το: sandalias, zapatos.
Βηθανία, -ας, ἡ: Betania.
πέραν, preposición seguida de genitivo: al otro lado.
Ιορδάνης, -ου, ὁ: río Jordán.
ὅπου: donde.

Vocabulario para memorizar

θέλω, ἠθέλησα: desear.
γράφω, γράψω, ἔγραψα, γέγραφα, γέγραμμαι, ἐγράθην: escribir.
εὑρίσκω, εὑρήσω, εὗρον, εὕρηκα, εὑρέθην: encontrar.
ἐσθίω, φάγομαι, ἔφαγον: comer.
ἐγείρω, ἐγερῶ, ἤγειρα, ἐγηγέρμαι, ἠγέρθην: levantar, resucitar.
βλέπω, βλέψω, ἔβλεψα: ver.
ἀποστέλλω, ἀποστελλῶ, ἀπέστειλα, ἀπέσταλκα, ἀπέσταλμαι, ἀπεστάλην: enviar.
βάλλω, βαλῶ, ἔβαλον, βέβληκα, βέβλημαι, ἐβλήθην: tirar, arrojar, empujar.
μένω, μενῶ, ἔμεινα, μεμένηκα: permanecer, morar.
κρίνω, κρινῶ, ἔκρινα, κέκρικα, κέκριμαι, ἐκρίθην: juzgar.

Lección λ
El verbo εἰμί

𝒰no de los verbos más comunes en los textos que hemos leído es εἰμί. Debido a que con este verbo vamos a encontrarnos constantemente, comenzaremos con su paradigma morfológico. Vamos a cubrir toda la conjugación en una sola sección. Aunque este verbo es muy irregular, nos va a proporcionar un vistazo preliminar sobre uno de los tres tipos de verbos, en este caso el de los verbos μι, que trabajaremos más adelante. Este verbo es tan común en los textos que es necesario dominarlo completamente.

Por el momento, queremos anticipar varias cosas sobre este verbo:

(1) Tiene sólo los tiempos presente activo, pretérito imperfecto activo y futuro deponente. (2) El futuro en forma deponente significa que el verbo tiene forma en voz media y en voz pasiva pero su significado es en voz activa. Tal es el caso con el verbo bajo consideración.

(3) El verbo εἰμί es un verbo enclítico, esto es, un verbo que no tiene acento en sí mismo y que se pronuncia junto a la palabra precedente. Debe notarse que todas las formas del presente indicativo de εἰμί son enclíticas a excepción de εἶ. La conjugación se provee a continuación:

	Presente activo		Equivalente
	singular	plural	
Ind.	εἰμί	ἐσμέν	soy/estoy
	εἶ	ἐστέ	
	ἐστί	εἰσί	
	Imperfecto		
Ind.	ἦν	ἦμεν	era/estaba
	ἦσθα	ἦτε	
	ἦν	ἦσαν	
Subj.	ὦ	ὦμεν	que yo sea
	ᾖς	ἦτε	
	ᾖ	ὦσι	

	Futuro voz media - deponentes		Equivalente
Ind.	ἔσομαι	ἐσόμεθα	seré, estaré
	ἔσει	ἔσεσθε	
	ἔσται	ἔσονται	
Opt.	ἐσοίμην	ἐσοίμεθα	sería/estaría
	ἔσοιο	ἔσοισθε	
	ἔσοιτο	ἔσοιντο	
Inf.	ἔσεσθαι		ser
Part.	ἐσόμενος, ἐσομένη, ἐσόμενον		sido, estado

Reglas de acentuación de enclíticas

El verbo **εἰμί** es una palabra enclítica. Tales palabras, como ya hemos dicho, pierden su acento ante la palabra que le precede. Como el verbo **εἰμί** es tan común, los accidentes con sus acentos afectarán muchas otras palabras. Por esto vale la pena conocer las reglas de las palabras enclíticas. No es necesario memorizar este material. Pero cuando se encuentre una palabra enclítica, vale la pena saber que puede haber un accidente con su acento y las palabras circundantes. Las reglas de acentuación para las enclíticas son:

El verbo εἰμί

(1) Cuando una palabra enclítica tiene dos sílabas y sigue a otra palabra que recibe su acento en la penúltima, la palabra enclítica retiene su acento, por ejemplo: πατέρες τινές (ciertos padres).

(2) Cuando una enclítica sigue a una palabra con acento agudo en la antepenúltima, esta palabra recibe otro acento en la última y se pronuncia todo como si fuera una sola palabra, por ejemplo, ἄνθρωπός τις (cierta persona).

(3) Cuando una enclítica sigue a una palabra con acento circunflejo en la penúltima, esta palabra recibe un acento agudo adicional en la última y la enclítica pierde su acento, por ejemplo, οὗτός ἐστιν (éste es). En este ejemplo también, ambas palabras se pronuncian como si fueran una sola palabra.

(4) La enclítica retiene su acento si la palabra precedente tiene un apóstrofe, por ejemplo, τοῦτ' ἐστὶ τὸ τέλος (éste es el fin).

Tarea

1. Escriba varias veces el paradigma del verbo εἰμί de manera que se familiarice con éste. Lo ideal sería memorizar este verbo de manera que se le pueda reconocer cada vez que le halle.
2. Continúe trabajando en la traducción de Juan, analizando gramaticalmente todas las palabras, con especial énfasis en los verbos, y específicamente, todos los usos del verbo εἰμί.
3. Usando las palabras ἄνθρωπος, ἀνήρ, δοῦλος, δίκαιος, πνεῦμα, γυνή, ἐγώ y εἰμί, θεός, ἀγαθός, traduzca las siguientes oraciones cortas del español al griego:
    a. El espíritu era bueno. _____
    b. Las mujeres eran justas. _____
    c. ¡Qué el hijo sea Dios! _____
    d. Ojalá ellos sean esclavos de Dios._____
    e. Yo seré esclavo del Señor. _____

Lectura y traducción

Juan 1.29-32

²⁹Τῇ ἐπαύριον βλέπει τὸν Ἰησοῦν ἐρχόμενον πρὸς αὐτὸν καὶ λέγει· ἴδε ὁ ἀμνὸς τοῦ θεοῦ ὁ αἴρων τὴν ἁμαρτίαν τοῦ κόσμου. ³⁰οὗτος ἐστιν ὑπὲρ οὗ ἐγὼ εἶπον· ὀπίσω μου ἔρχεται ἀνὴρ ὃς

ἔμπροσθέν μου γέγονεν, ὅτι πρῶτός μου ἦν. καγὼ οὐκ ᾔδειν αὐτόν, ἀλλ' ἵνα φανερωθῇ τῷ 'Ισραὴλ διὰ τοῦτο ἦλθον ἐγὼ ἐν ὕδατι βαπτίζων. ³²Καὶ ἐμαρτύρησεν 'Ιωάννης λέγων ὅτι τεθέαμαι τὸ πνεῦμα καταβαῖνον ὡς περιστερὰν ἐξ οὐρανοῦ καὶ ἔμεινεν ἐπ' αὐτόν.

Glosario

τῇ ἐπαύριον, dativo de tiempo. El dativo cuando modifica un tiempo indica el tiempo cuando un evento se llevó a cabo. En este caso: al otro día.
βλέπω, βλέψω, ἔβλεψα: mirar, ver.
ἴδε, aoristo imperativo de ὁράω: ver, observar, mirar.
ἀμνός, -οῦ, ὁ: cordero.
αἴρω, ἀρῶ, ἦρα, ἦρκα, ἦρμαι, ἤρθην: levantar, quitar.
ἁμαρτία, -ας, ἡ: pecado.
κόσμος, -ου, ὁ: mundo, adorno.

Vocabulario para memorizar

πρός, preposición seguida de genitivo: del lado de; seguido de dativo: cerca de, junto a; seguido de acusativo: hacia, con.
διά, preposición seguida de genitivo: a través; seguida de acusativo: debido, porque.
εἰμί: ser.
εἷς, μία, ἕν: uno.
ἡμέρα, -ας, ἡ: día.
πνεῦμα, -ατος, τό: espíritu, viento.
υἱός, -οῦ, ὁ: hijo.
λόγος, -ου, ὁ: palabra.
ἐντολή, -ῆς, ἡ: mandamiento.
ἀγωνία, -ας, ἡ: agonía, ansiedad, sufrimiento.

Apéndice
Las funciones de los casos

𝒰n sustantivo puede desempeñarse en una oración como sujeto, predicado, complemento del sujeto, del predicado, de otro complemento, complemento predicativo (Seco: 155). La nomenclatura para expresar la función de un sustantivo en la oración es conocida como **caso**. En griego, los casos se forman por las flexiones, esto es, los sonidos agregados a la raíz de la palabra. Gracias a estas flexiones se sabe si la palabra pertenece al sujeto o al predicado; y si pertenece al predicado, si es complemento directo, circunstancial o indirecto.

En griego coiné, los casos caen en dos divisiones: los casos del sujeto y los casos del predicado. Los casos del sujeto son el nominativo y el vocativo. Los casos del predicado son el acusativo y el dativo. El genitivo, tanto puede definir al sujeto como al predicado. El griego coiné tiene tres sistemas de declinaciones: (1) la primera, (2) segunda y (3) tercera declinación.

En este apéndice queremos desarrollar otras funciones de los casos más allá de lo que hemos explicado en las lecciones.[1] Repasaremos los detalles de los distintos casos del griego coiné.

Vocativo

El vocativo fue la manera de marcar morfológicamente las exclamaciones en las que alguien era llamado. Así, la mujer samaritana se dirige a Jesús con la forma del vocativo (ennegrecido): κύριε, οὔτε ἄντλεμα ἔχεις. Esta frase es traducida: "**Señor**, ni siquiera tienes un cubo".

Como hemos mencionado en las primeras lecciones, el vocativo es un caso que cayó en desuso en el griego coiné. No obstante, hay varias palabras, como **κύριος** en las que el vocativo es común. Así, en toda la Septuaginta y el Nuevo Testamento griego, el vocativo **κύριε** aparece 848 veces.

Debemos señalar algunos detalles sobre el vocativo. Primeramente, el vocativo nunca es seguido por las conjunciones **δέ** o **γάρ**. Un segundo detalles es que en conversaciones corteses, el vocativo podía ser precedido por la interjección ὦ. Vemos un ejemplo de esto en la Septuaginta (LXX) en Jonás 4.2: ὦ κύριε οὐχ οὗτοι οἱ λόγοι μου... La traducción para esta frase es: "¡Oh Señor, no era ésta mi palabra...!"

Sin esta partícula, el vocativo podría expresar sorpresa, alegría, una amenaza o aún una advertencia. Hay innumerables ejemplos de esto en la LXX y en los Evangelios.[2] Uno de ellos está en Juan 21.21 donde dice: κύριε, οὗτος δὲ τί;, la traducción es: "**Señor**, ¿y qué de éste?"

El vocativo generalmente se encuentra en el interior de una oración. Si apareciera al principio de una oración tendría un sentido enfático. Un ejemplo de esto lo encontramos en Mateo 14.30: κύριε, σῶσόν με, la traducción es: "¡**Señor**, sálvame!"

Como la segunda declinación es dominante en el uso del griego coiné, la mayor parte de las palabras que aparecen en vocativo en la Septuaginta y el Nuevo Testamento griego aparecen en la forma de la segunda declinación. Esta forma es como la que hemos visto en el caso de **κύριος**; esto es, **κύριε**. Nótese que la forma principal en la segunda declinación termina con **ε**. No obstante, el vocativo de los neutros en la segunda declinación es idéntico al nominativo. Así, **τέκνον** es una forma que tanto sirve para mostrar el nominativo como el vocativo. Lo mismo sucede con el vocativo del neutro de la segunda declinación en plural, donde la forma es idéntica al nominativo: **τέκνα**. En las palabras contractas de la segunda declinación, hay una variación entre el vocativo y el nominativo. Así, la palabra en nominativo **πλοῦς** (travesía) se convierte a **πλοῦ** en vocativo. El neutro de este tipo de palabras no hace distinción entre el nominativo y el vocativo. Así, **ὀστοῦν** (hueso), tiene la misma forma para el nominativo y el vocativo.

Apéndice

La forma del vocativo en la primera declinación en el femenino es idéntica a la forma del nominativo. Así, en alfa pura, la forma ἀλήθεια tanto sirve para indicar el nominativo como el vocativo. Lo mismo sucede con la alfa impura. No obstante, en los masculinos de la primera declinación, el vocativo muestra una forma distinta al nominativo. Así, el vocativo del nominativo en alfa pura νεανίας es νεανία. Los vocativos de la alfa impura en su forma masculina singular también sufren un cambio del nominativo ὑποκριτής a ὑποκριτά. El vocativo plural en este caso es ὑποκριταί. Con la alfa corta, la forma del nominativo es idéntica a la forma del vocativo. Así δόξα es idéntica para el vocativo o el nominativo.

Las palabras de la tercera declinación generalmente utilizan la forma del nominativo para el vocativo. Pero hay una excepción importante, γυνή cuyo vocativo es γύναι. Hay otras excepciones que recomiendo se busquen en un buen diccionario. Mencionaré algunas muy comunes. El vocativo de πάτηρ es πάτερ. Lo mismo sucede con ἀνήρ cuyo vocativo es ἄνερ. Nótese que el distintivo es que la vocal larga al final se convierte en una vocal corta. Este cambio de la vocal larga en nominativo a la vocal corta en el vocativo puede servirnos de pista para determinar si estamos ante un vocativo en tercera declinación.

Nominativo

Como hemos explicado antes, la función principal del nominativo es indicar que la palabra funciona como el sujeto de una oración. No obstante, el griego coiné tiene otras acepciones para el nominativo. Una segunda función del nominativo es como predicado nominal. En oraciones donde el verbo sea intransitivo, éste no puede tomar un acusativo como su objeto. Por lo tanto, toma un predicado nominal. Encontramos un ejemplo de esto en Juan 1.14: Καὶ ὁ λόγος **σὰρξ** ἐγένετο. La palabra ennegrecida está en nominativo, pero es el objeto nominal del verbo intransitivo γίγνομαι. La traducción sería: "y la palabra se hizo **carne**". Nótese que el predicado nominal no tiene un artículo definido. Esta es la forma en que los griegos podían discernir qué palabra en nominativo era el sujeto y cuál era el predicado nominal. La palabra que tenía el artículo era el sujeto y la otra sin artículo era el predicado nominal.

Una tercera función del nominativo en el griego coiné es en substitución del vocativo. El vocativo era la forma en que se llamaba a alguien. En el griego coiné se usaba casi siempre el nominativo. Es lo que ocurre en Marcos 15.34 donde dice: ὁ θεός μου ὁ θεός μου, εἰς τί ἐγκατέλιπές με; La traducción sería: "**Dios** mío, **Dios** mío, ¿para qué (literalmente) me has desamparado?" En el Nuevo Testamento aparecen algunas formas del vocativo como Mateo 20.31 donde los ciegos exclaman: **κύριε**, υἱὸς Δαυίδ. La traducción es: "**Señor**, hijo de David". Nótese la forma del vocativo en la expresión **κύριε**. De ahí la antigua plegaria en la confesión de pecados que decía κύριε ἐλέησον, esto es, "¡Señor, ten piedad!"

Una cuarta función es el nominativo absoluto. En títulos, exclamaciones cortas y expresiones proverbiales se usa un nominativo que no tiene ninguna relación gramatical con su contexto literario. Esto se ve en las introducciones de las cartas paulinas: **Παῦλος κλητὸς ἀπόστολος** Χριστοῦ Ἰησοῦ... (1 Co 1.1). La traducción, en esta frase, es: "**Pablo, electo apóstol** de Jesucristo".

Una quinta función es como nominativo colgante. En el Nuevo Testamento esto es muy raro. En estos casos, el nominativo no parece concordar con el resto de la cláusula. Hay un ejemplo de esto en Lucas 20.27: τινες τῶν Σαδδουκαίων, **οἱ ἀντιλέγοντες** ἀνάστασιν μὴ εἶναι. En este caso el nominativo parece que debería ser congruente con el genitivo que acompaña. La traducción es: "Ciertos saduceos, **quienes niegan** que haya resurrección".[3]

La última función del nominativo es como nombre propio. Esto se ve en Apocalipsis 9.11: ἐν τῇ Ἑλληνικῇ ὄνομα ἔχει **Ἀπολλύων**. La traducción es: "En griego tiene el nombre: **Apolión**".

Genitivo

La función principal del genitivo es denotar posesión o relación, **de**. Otra función del genitivo denota relación: Ἰωάννην τὸν **Ζαχαρίου** υἱὸν. La palabra en genitivo denota una relación. La traducción es: "Juan hijo **de Zacarías**".

Una tercera función denota expresiones transitivas, como por ejemplo: ζῆλον θεοῦ. En este caso, la traducción correcta es "celo por Dios".

Una cuarta función es la del genitivo partitivo. Un genitivo partitivo denota que el todo ha sido dividido. Así, οἱ λοιποὶ τῶν ἀνθρώπων. En este caso, la traducción sería "el resto **de los seres humanos**".

Otra función es el genitivo de calidad. Denota calidad generalmente como un predicado. En Romanos 6.6 tenemos un ejemplo de esta función: τὸ σῶμα τῆς ἁμαρτίας. En este ejemplo, la traducción sería: "el cuerpo **del pecado**".

Otra función del genitivo indica dirección o propósito. Encontramos un ejemplo en Juan 5.29: ἀνάστασιν ζωῆς. La traducción literal sería: "la resurrección **de vida**"; pero una traducción adecuada tomaría en cuenta esta función de propósito. Así, la traducción que confiere el sentido más apropiado sería "resurrección **para tener vida**".

Otra función del genitivo es como apositivo o explicativo. En 2 Corintios 5.5 podemos ver un ejemplo de este tipo de genitivo: τὸν ἀρραβῶνα τοῦ πνεύματος. La traducción clara podría ser "la garantía, **esto es, el Espíritu**".

El genitivo puede aparecer en una lista de palabras que se encuentran en genitivo. El genitivo que gobierna la frase precede al genitivo dependiente. Esto se ve en 2 Corintios 4.4: τὸν φωτισμὸν τοῦ εὐαγγελίου τῆς δόξης τοῦ Χριστοῦ. Las tres frases concatenadas son formas en genitivo. En este caso, la traducción sería: "la luz que emana **del evangelio de la gloria de Cristo**".

El genitivo puede aparecer en forma adverbial, en cuyo caso acompaña a un verbo. Generalmente, el genitivo en forma adverbial aparece con verbos que indican compartir, tocar, aguantar, hacer juicio de, buscar, comenzar, desear, obtener, alcanzar, etc. Podemos observar un ejemplo de este tipo de genitivo en forma adverbial en Marcos 8.23: καὶ ἐπιλαβόμενος τῆς χειρὸς τοῦ τυφλοῦ. Una traducción literal sería: "y tomando **de la mano del ciego**". Pero en mejor español sería: "y tomando **la mano** del ciego". Observe que "la mano del ciego" aparece en genitivo en el texto griego. Pero en este caso, **la mano** es el objeto directo del verbo **tomar**.

Apéndice

El genitivo de tiempo denota el tiempo durante el cual o el punto en el cual una acción se llevó a cabo. En Marcos 13.18 se nos presenta un ejemplo: μὴ γένηται **χειμῶνος**. En este caso el sustantivo está en tercera declinación y denota "no suceda **durante el invierno**". El genitivo de tiempo denota una parte del tiempo y por lo tanto es partitivo.

El genitivo de lugar denota el lugar en que algún acontecimiento se efectuó. Así: μὴ εὑρόντες **ποίας**. La traducción sería: "no encontrando **qué lugar**".

Otra forma es el genitivo de comparación. Vemos un ejemplo de esto en Mateo 5.20: ἐὰν μὴ περισσεύσῃ ὑμῶν ἡ δικαιοσύνη πλεῖον **τῶν γραμματέων**. La traducción sería, "si vuestra justicia no es mayor que la **de los escribas**".

El genitivo objetivo es aquel que está asociado con expresiones transitivas. Hay un ejemplo en Mateo 12.31: ἡ δὲ **τοῦ πνεύματος** βλασφημία οὐκ ἀφεθήσεται. En este caso denota el objeto o recipiente de la acción. La traducción literal sería: "la blasfemia **del Espíritu**" pero el sentido es "la blasfemia **contra el Espíritu**".

El genitivo subjetivo indica el sujeto o productor de la acción. En Romanos 8.35 tenemos un ejemplo: τίς ἡμᾶς χωρίσει ἀπὸ τῆς ἀγάπης **τοῦ Χριστοῦ**. La traducción más apropiada podría ser: "¿Quién nos separará del amor **de Cristo**?"

Cuando el genitivo sigue a un adjetivo o a un adverbio, generalmente complementa su significado. En Juan 1.14 tenemos un ejemplo: πλήρης **χάριτος** καὶ **ἀληθείας**. En este caso la traducción literal sería "llenos **de gracia y de verdad**". Nótese que en español no hay diferencia.

El genitivo puede funcionar como un complemento directo con verbos de sensación, emoción, gobierno, acusación. Encontramos un ejemplo de esto en Juan 5.25: οἱ νεκροὶ ἀκούσουσιν **τῆς φωνῆς** τοῦ υἱοῦ τοῦ θεοῦ. En este caso, la traducción literal sería "los muertos oirán **de la voz** del hijo de Dios" pero el sentido es: "los muertos escucharán **la voz** del hijo de Dios".

La última función que queremos volver a mencionar es la del genitivo absoluto. En este caso, un participio circunstancial en forma de genitivo acompañando un sustantivo o pronombre en el genitivo, que no es parte de la estructura principal de la oración, forma el genitivo absoluto. El participio circunstancial expresa tiempo, causa, condición, concesión o cualquier otra circunstancia.

El concepto de absoluto implica que la frase no está relacionada sintácticamente con el resto de la oración. Encontramos un ejemplo de esto en Mateo 2.1: τοῦ δὲ ’Ιησοῦ γεννηθέντος. La traducción literal sería: "cuando Jesús nació".

Dativo

El dativo cumple tres funciones en griego: (1) la de complemento indirecto, (2) la función instrumental y (3) la locativa. La función propia del dativo denota aquello para o a favor de lo cual alguna acción es llevada a cabo. Generalmente se refiere a personas. En Mateo 18.26 tenemos un ejemplo de esta función primaria: πάντα ἀποδώσω **σοι**. La traducción sería: "Yo **te** pagaré todo".

El dativo en función instrumental muestra el medio por el cual algo se lleva a cabo. Marcos 5.5 nos da un ejemplo: κατακόπτων ἑαυτὸν **λίθοις**. La traducción precisa sería: "hiriéndose a sí mismo **con piedras**". He ennegrecido el dativo y su traducción apropiada.

El dativo en función locativa denota el lugar o la esfera en que algo se lleva a cabo. Es el equivalente del complemento circunstancial en español. Responde a la pregunta, dónde. Encontramos un ejemplo en Hechos 14.16: εἴασεν πάντα τὰ ἔθνη πορεύεσθαι **ταῖς ὁδοῖς** αὐτῶν. La traducción apropiada es: "Él ha dejado a todas las naciones caminar **por sus caminos**".

El dativo de tiempo marca un punto en el tiempo. En Mateo 20.19 tenemos un ejemplo: καὶ **τῇ τρίτῃ ἡμέρᾳ** ἐγερθήσεται. La traducción apropiada sería: "y él será levantado **en el tercer día**".

El dativo también denota posesión. En Lucas 1.7 tenemos un ejemplo: καὶ οὐκ ἦν **αὐτοῖς** τέκνον. La traducción literal es: "y no había niño **para ellos**". Pero el sentido apropiado sería "**ellos** no tenían hijo". En Lucas 2.7 se nos presenta otro ejemplo: διότι οὐκ ἦν **αὐτοῖς** τόπος ἐν τῷ καταλύματι. La palabra ennegrecida está en dativo. La traducción literal sería: "porque no había un lugar **para ellos** en el mesón". He ennegrecido el equivalente del dativo de posesión en español.

Hay una serie de verbos que toman el dativo como su complemento directo. Los verbos **hacer bien, beneficiar, dañar** generalmente toman el dativo como su complemento directo. Los verbos **servir, mostrar, revelar, decir a, censurar, mandar, confiar,**

obedecer, envidiar, agradecer, deber, generalmente van acompañados de un dativo. En Marcos 1.27 tenemos un ejemplo: ὑπακούουσιν **αὐτῷ**. La traducción sería: "ellos obedecen **a él**". El sentido pertinente sería: "ellos **le** obedecen".

El dativo de referencia denota un interés que es más remoto que el complemento indirecto. En Romanos 6.10 se nos presenta un ejemplo: τῇ **ἁμαρτίᾳ** ἀπέθανεν. La traducción dinámica es: " **Él murió en referencia al pecado**". Las palabras ennegrecidas marcan al dativo y su traducción apropiada.

Otra función del dativo es mostrar ventaja o desventaja. En Mateo 23.31 encontramos un ejemplo: μαρτυρεῖτε **ἑαυτοῖς**. En este caso la traducción sería: "dar testimonio **contra** ustedes".

El dativo de maneras denota las circunstancias de una acción. Se acerca mucho a un significado adverbial. En 1 Corintios 11.5 tenemos un ejemplo: πᾶσα δὲ γυνὴ προσευχομένη **ἀκατακαλύπτῳ τῇ κεφαλῇ**. La traducción es: "y toda mujer casada que ora **con la cabeza descubierta**".

El dativo de asociación es una forma que equivale a la frase preposicional σύν + **dativo**. En Hechos 28.15 tenemos un ejemplo: "εἰς ἀπάντησιν **ἡμῖν**". La traducción literal es: "reunirse **con nosotros**".

El dativo de agencia se usa con verbos pasivos para denotar quién es el agente de una acción en voz pasiva. En Lucas 23.15 tenemos un ejemplo: καὶ ἰδοὺ οὐδὲν ἄξιον θανάτου ἐστὶν πεπραγμένον **αὐτῷ**. La traducción es: "Y he aquí nada digno de muerte ha sido hecho **por él**".

Acusativo

La función principal del acusativo es como complemento directo. El acusativo puede ser el sujeto de un verbo en infinitivo. En Hechos 1.3 se nos presenta un buen ejemplo: μετὰ τὸ παθεῖν **αὐτόν**. La traducción literal es: "después de **él** sufrir". Obsérvese que el acusativo es el sujeto del verbo en infinitivo.

El acusativo de tiempo denota el tiempo que dura un evento. En Hebreos 3.9-10 tenemos un ejemplo: εἶδον τὰ ἔργα μου **τεσσεράκοντα ἔτη**. La traducción literal es: "ellos vieron mis obras **durante cuarenta años**". Con esta frase se expresa la extensión de tiempo en que los israelitas estuvieron en el desierto.

Apéndice

El acusativo de manera denota el modo en que una acción se lleva a cabo. Se utiliza con verbos intransitivos. Generalmente, se traduce como **"en lo que se refiere"**. En Hebreos 2.17 tenemos un ejemplo: πιστὸς ἀρχιερεὺς **τὰ** πρὸς τὸν θεόν. La traducción es: "un sacerdote fiel **en lo que se refiere a las cosas** de Dios".

---

[1] Para una visión con todo detalle de la función de los casos en el Nuevo Testamento ver Blass, Debrunner, y Funk, *A Greek Grammar of the NT and Other Early Christian Literature*, 79-109. Me ha sido muy útil el CD de Logos en la sección sobre el griego del Nuevo Testamento, y lo he utilizado en esta sección para dar ejemplos de las funciones de los casos.

[2] El vocativo κύριε desde Romanos hasta Apocalipsis aparece sólo en nueve (9) ocasiones.

[3] Pero podemos dar otra explicación a esto. No hay concordancia con el genitivo τῶν Σαδδουκαίων porque la frase en nominativo οἱ ἀντιλέγοντες tiene su referente en el pronombre indefinido τινες. Si este es el caso, podemos resolver esta oración sin el nominativo colgante. La traducción literal sería: "ciertos de los sacudeos que niegan que haya resurrección".

Bibliografía anotada

Aland, Kurt, Black, Matthew, Martini, Carlo M., Metzger, Bruce M., and Wikgren, Allen.
1983 *The Greek New Testament*. Stuttgart: Deutsche Bibelgesellschaft.

Es el texto crítico del Nuevo Testamento en griego que se utiliza en este libro. Tomado de Logos. El texto representa una versión basada en los mejores manuscritos y bajo criterios de crítica textual.

Alarcos Llorach, E.
1994 *Gramática de la lengua española*. Madrid: Espasa.

Es una obra muy erudita de morfología y sintaxis de la lengua española.

Bauer, W.
2000 *A Greek-English Lexicon of the NT and Other Early Christian Literature*. Editado por W. Danker. Chicago: CUP.

Es el diccionario esencial del griego e inglés para el análisis y traducción del texto griego. A pesar de lo temprano de esta obra, ya Bauer estaba consciente del análisis composicional como una técnica básica para comprender a cada autor.

Blass, I. y Debrunner, A.
1961 *A Greek Grammar of the New Testament and Other Early Christian Literature*. Traducido por Robert Funk. Chicago/Londres: The University of Chicago Press.

Ésta es una obra extensa sobre la sintaxis del griego del Nuevo Testamento. Posiblemente es una de las obras más completas en inglés sobre el griego del texto bíblico.

Bibliografía anotada

Casanova Roberts, H.
2001 *Introducción al griego del Nuevo Testamento*. Vol. 1. Miami: Caribe.

Es una magnífica introducción al griego bíblico que toma como punto de partida la gramática y morfología española. Como es la primera parte de una obra que anuncia un segundo volumen, en esta obra no se cubre la morfología del verbo principal básico, ni se discute la tercera declinación entre otras cosas. De todos modos, en términos de la gramática y morfología española, es una obra fundamental.

Cervantes Gabarrón, J.
1999 *Sinopsis bilingüe de los tres primeros evangelios con los paralelos en Juan*. Estella: Editorial Verbo Divino.

Obra donde se presentan los cuatro evangelios en paralelo para que los lectores puedan ver los materiales comunes y las discrepancias entre los evangelios. Lo novedoso de esta obra es que contiene el texto en paralelo tanto en español como en griego.

Corsani, Bruno, et al.
1997 *Guía para el estudio del griego del Nuevo Testamento*. Madrid: Sociedad Bíblica.

Introducción a la morfología y la sintaxis del griego bíblico. Su acercamiento al detalle hace que para un nuevo estudiante del griego bíblico pueda parecer intimidante. Además no usa el texto bíblico como base. No obstante, como un libro para proveer más detalles que los que se ofrecen en esta obra, sería un magnífico trabajo.

Dana, H. E. y Mantey, J. R.
1984 *Gramática griega del Nuevo Testamento*. Traducido por Adolfo Robleto et al. El Paso: Casa Bautista de Publicaciones.

Obra de excelente calidad para la discusión de la sintaxis en español. Se puede utilizar como un texto básico en un curso intermedio e incluso avanzado de griego.

García Negroni, M. et al.
2005 *El arte de escribir bien en español*. Buenos Aires: Arcos.

Es una obra erudita sobre la lengua española.

García Santos, Á.-A.
2006 *Introducción al griego bíblico*. Estella: Editorial Verbo Divino.

Es una obra reciente. Contiene capítulos densos. No va dirigida a principiantes, porque no hace una diferencia entre los materiales introductorios y los materiales intermedios. Vale la pena añadir esta obra a la biblioteca de griego de quien ya ha trabajado en la parte morfológica y ahora quiere conocer a mayor profundidad el griego coiné.

Gomez de Silva, G.
1991 *Diccionario internacional de literatura y gramática*. México: Fondo de Cultura Económica.

Joya de información literaria, morfológica y gramatical. Aborda la teoría del discurso desde una perspectiva de morfología y gramática comparada. Es una buena obra para aclarar dudas sobre nuestro idioma.

Grijelmo, A.
2006 *La gramática descomplicada*. Madrid: Taurus.

Obra erudita sobre nuestra lengua española puesta en términos sencillos.

Hale, C.
2000 *Aprendamos griego del Nuevo Testamento*. Miami: Unilit.

Es una obra introductoria al griego del Nuevo Testamento. Tiene muchos ejercicios para aprender distintos aspectos de la morfología del griego bíblico. No utiliza el texto bíblico como base para el aprendizaje. Divide cada aspecto del griego en un capítulo aparte, de modo que cuando llega al verbo parece que éste es inacabable. El verbo lo divide en muchos capítulos por modos, voz y tiempos verbales. Esto puede ser intimidante para el estudiante a nivel introductorio.

Hanna, R.
1997 *Sintaxis exegética del Nuevo Testamento griego*. El Paso: Editorial Mundo Hispano.

Es una magnifica introducción a la sintaxis del griego del Nuevo Testamento. Recomendable para un segundo año de griego bíblico.

Hatch, E. y Redpath, H. A.
1897 *A Concordance to the Septuagint and Other Greek Versions of the Old Testament*. Grand Rapids: Baker Book House.

Es una obra indispensable para el análisis gramatical de la LXX. Tiene todas las palabras en griego en todos los lugares en que aparece, de manera que se pueda hacer tanto una historia de las tradiciones como un análisis gramatical adecuado.

Kittel, G. et al. editores
1974 *Theological Dictionary of the New Testament*. Traducido por Geoffrey W. Bromiley. Grand Rapids: Wm. G. Eerdmanns Publishing Company.

Es una obra enciclopédica en 10 volúmenes que aborda las principales palabras griegas del Nuevo Testamento. Su acercamiento es en términos de una historia de cada concepto en la literatura hebrea, helenista, en el Nuevo Testamento por las escuelas principales (Juan, Pablo, etc.) y en la patrística. Es una obra de gran valor para la exégesis.

Kubo, S.
1975 *A Reader's Greek-English Lexicon of the New Testament and a Beginner's Guide for the Translator of New Testament Greek.* Gran Rapids: Zondervan.

Obra erudita que presenta el vocabulario en cada libro del Nuevo Testamento. Además tiene una serie de apéndices donde se presenta el vocabulario que aparece más de cincuenta veces en el Nuevo Testamento. Otros apéndices tratan sobre asuntos de morfología y sintaxis del verbo.

La Cueva, F.
1984 *Nuevo Testamento interlineal griego-español.* Barcelona: CLIE.

Para un estudiante que quiera hacer análisis gramatical, pero que sólo posee las herramientas del deletreo del griego, ésta es una obra básica. Arriba aparece el texto griego y debajo de cada palabra se da un equivalente literal.

Liddel, H. G. y Scott, R.
1968 *A Greek-English Lexicon.* Oxford: The Clarendom Press.

El diccionario más detallado y enciclopédico del griego antiguo (ático, coiné, etc.). La versión completa tiene miles de páginas. Hay también una edición abreviada.

Louw, J. y Nida, E.
1992 *Greek-English Lexicon of the New Testament: Based on Semantic Domains.* Nueva York: United Biblical Societies.

Un diccionario del griego al inglés que parte de la premisa de que cada concepto tiene distintos niveles de significado que hay que discernir por su contexto literario. Es una obra básica en una biblioteca de recursos para el griego bíblico.

Mateos, J.
1977 *El aspecto verbal en el Nuevo Testamento.* Madrid: Ediciones Cristiandad.

Mateos, J., et al.
1977 *Cuestiones de gramática y léxico.* Madrid: Ediciones Cristiandad.

Las dos obras de Juan Mateos y otros tratan aspectos sintácticos avanzados en el estudio del griego bíblico. Además de un manejo correcto de la intratextualidad, hay un acercamiento estructural al griego.

Bibliografía anotada

Moulton, W. F. et al.
1897 *A Concordance of the Greek Testament*. Edinburgh: T & T Clark.

La concordancia esencial al Nuevo Testamento en el griego coiné. Tiene todas las palabras y en todas las ocasiones y en los libros que aparecen.

Moulton, J. H. et al.
1962 *A Grammar of New Testament Greek*. Edinburgo: T & T Clark.

Una gramática intermedia y avanzada del griego bíblico en inglés.

Nestle, E. et al.
1981 *Greek-English New Testament*. Stuttgart: Deutsche Biblegesellschaft. Edición 26.

El texto crítico publicado por las Sociedades Bíblicas en Estados Unidos y Alemania. El texto representa una versión basada en los mejores manuscritos y bajo criterios de crítica textual. Recientemente las Sociedades Bíblicas han publicado una edición nueva del texto crítico.

Pabón, J. M. et al.
1967 *Diccionario manual griego-español*. Madrid: Biblofraf.

Un buen diccionario pequeño. No contiene todas las palabras del texto bíblico.

Paine, S. W.
1961 *Beginning Greek. A Functional Approach*. Nueva York: Oxford University Press.

Es un texto introductorio a la morfología del griego coiné producido para un público angloparlante. Parte de una premisa inductiva que va del todo a las partes. Así sólo tiene dos capítulos sobre el verbo principal. Lo mismo sucede con el verbo εἰμι, que presenta en un solo capítulo. Introduce el texto de Juan junto con los capítulos de morfología. Tiene una segunda parte donde usa un texto helenista para pasar al nivel intermedio.

Parker, J. G.
1982 *Léxico-concordancia del Nuevo Testamento en griego y español*. El Paso: Editorial Mundo Hispano.

Concordancia greco-española del texto del Nuevo Testamento. Es exhaustiva en términos de los conceptos del Nuevo Testamento griego.

Petter, H.
1983 *Concordancia greco-española del Nuevo Testamento*. Barcelona: CLIE.

Es una excelente concordancia del texto griego en sus usos en español en RV 1960. Está descontinuada en este momento por CLIE, pero sigue siendo una magnífica concordancia para quienes tienen un conocimiento mínimo del griego bíblico.

Rahls, A.
1979 *Septuagint*. Stuttgart: Deutsche Bibelgesellschaft.

El texto crítico de la Septuaginta, versión griega del Antiguo Testamento.

Seco, M.
1975 *Manual de gramática española*. Madrid: Aguilar.

Obra erudita sobre la gramática española.

Septién, J. A.
2007 *El griego bíblico al alcance de todos*. Barcelona: CLIE.

Ésta es la introducción al griego bíblico más completa que ha sido publicada al español. Incluye un CD Rom con la pronunciación del griego bíblico. Tiene una gran cantidad de tareas en las que cada estudiante puede practicar la lección que se le ha explicado. Además, tiene una parte en cada lección con la tarea corregida. Asume una teoría reciente sobre la pronunciación del griego coiné distinta a la posición tradicional en los estudios del griego coiné. Pero esto es un elemento secundario en un idioma que aprendemos para traducir textos.

Smyth, H. W.
1920 *Greek Grammar*. Cambridge: Harvard University Press.

La obra medular de gramática griega del Nuevo Testamento y el mundo helénico. Es una obra exhaustiva en cuanto a morfología y sintaxis del griego de la antigüedad.

Stenga, J. y Tuggy, A.
1987 *Concordancia analítica greco-española del Nuevo Testamento greco-español*. Barcelona: CLIE.

Concordancia exhaustiva que parte de la premisa de que se tiene un conocimiento de la morfología del griego. La presentación de cada concepto es conforme a su morfología en el griego bíblico.

Tamez, E. y Foulkes, I.
1978 *Diccionario conciso griego-español del Nuevo Testamento*. Stuttgart: Sociedades Bíblicas Unidas.

Un pequeño diccionario griego-español básico para leer y traducir el Nuevo Testamento. No tiene más de 200 páginas.

Trenchard, W. C.
1998 *Complete Vocabulary Guide to the Greek New Testament*. Grand Rapids: Zondervan.

Contiene una serie de listas de vocabulario por familiaridad alrededor de la raíz de la palabra. Además contiene una lista de palabras según su frecuencia en el Nuevo Testamento. Otra sección es un listado de verbos con sus partes principales. La última parte es una serie de listas de asuntos de menor importancia del griego coiné en el Nuevo Testamento como las enclíticas, proclíticas, partículas, preposiciones impropias, etc.

Turner, N.
1962 *A Grammar of New Testament Greek*. Vol. III, Syntax. Edimburgo: T & T Clarck.

Gramática de la sintaxis del griego del Nuevo Testamento a nivel intermedio.

Vine, W. E.
1999 *Aprenda el griego del Nuevo Testamento*. Miami: Caribe.

Una buena introducción a la morfología y la sintaxis del griego bíblico. Inserta distintos pasajes bíblicos de acuerdo a la lección que va introduciendo, lo que es una buena práctica para mantener el interés. Su principal limitación es que subdivide el verbo en demasiados capítulos, lo que puede ser desalentador para los lectores. Además no usa un texto extendido para que haya una experiencia de lectura, aplicación de la morfología y la sintaxis, y el proceso de traducción. Es un libro muy accesible económicamente.

www.perseus.org

En este lugar de la internet se encontrará una gran cantidad de recursos, literatura primaria, diccionarios como el de Liddel y Scott, etc.

www.ingramcontent.com/pod-product-compliance
Lightning Source LLC
Chambersburg PA
CBHW011956150426
43200CB00016B/2920